CAM WRTH GAM

CAM WRTH GAM

MARI EMLYN

GOMER

Argraffiad cyntaf—2002
Ail argraffiad—2002

ISBN 1 84323 090 9

ⓗ Mari Emlyn

Mae Mari Emlyn wedi datgan ei hawl dan
Ddeddf Hawlfraint, Dyluniadau a Phatentau 1988
i gael ei chydnabod fel awdur y llyfr hwn.

Dymuna'r cyhoeddwyr gydnabod cymorth
Adrannau Cyngor Llyfrau Cymru.

Argraffwyd gan
Wasg Gomer, Llandysul, Ceredigion, Cymru

I'm chwaer
Elin

DIOLCH

I'm gŵr – Emyr, i Nhad – Owen, a'm chwaer – Elin am eu sylwadau a'u cefnogaeth dibendraw. I Wasg Gomer a Chyngor Llyfrau Cymru am eu caredigrwydd a'u gofal. I Gwenno ac Alun am bob cymorth yn y gorffennol ac am awgrymu y dylwn roi pensil ar bapur. I Nerys John am ei sylwadau adeiladol ar waith Leusa fel Therapydd Lleferydd. Yn bennaf oll i Mam – Shân, am y ffydd oedd ganddi yn fy ngallu i ysgrifennu ac am fy annog i wneud hynny. Flynyddoedd yn ddiweddarach dyma ymateb i'r anogaeth.

RHAN UN

21 Rhagfyr 1995

Anghofia i fyth, fyth y noson honno. Fe ddilëir
llawer llun o sgrin y cof, ond nid hwn. Mae lleisiau
a cherddoriaeth y noson yn un disgord aflafar yn fy
mhen – heb fod mewn sync â'r llun. Un weithred yn
chwalu pob dim. Pe bai rhywun ond yn cael
pwyso'r botwm am yn ôl – y lleisiau'n mynd o
chwith a'r llun yn diflannu.

Doedd y diwrnod heb ddechrau'n dda. Gellid
teimlo'r tensiwn fel feis o gwmpas y tŷ. Roedd
Mam wedi cyrraedd o Gaerdydd ers dwy noson, yn
barod i dreulio'r Nadolig efo'r 'teulu bach'. Byddai
hwyl ddrwg arnaf bob tro y deuai i aros gan nad
oeddwn am i Iolo weld ei nain ar ei gwaethaf.
Roeddwn i ar bigau'r drain yn gwylio pob symudiad
o'i heiddo, yn chwilio am arwyddion ei bod yn
simsanu, a'i lleferydd yn tewhau.

Doedd pethau ddim wedi bod yn dda rhwng Paul
a fi ers i Mam gyrraedd chwaith. Roedd Paul yn dal
i edliw i mi'r ffaith fy mod wedi ei gwahodd o
gwbl, gan i mi ddanfon llythyr ati ar ôl y Nadolig
trychinebus diwethaf yn esbonio nad oedd am gael

dod eto os nad oedd am chwilio am help. Dyna'r llythyr anoddaf i mi ei ysgrifennu erioed; llythyr yn ymbil arni i weld meddyg, cyn ei bod hi'n rhy hwyr, a chyn i Iolo ddechrau holi cwestiynau am ymddygiad rhyfedd ei nain. Cofiais fynd i'w nôl o stesion Bangor y flwyddyn cynt. Roedd ei llygaid yn nofio yn ei phen. Doedd hynny'n ddim byd newydd, ond roedd rhywbeth yn wahanol amdani. Beth yn union, fedrwn i ddim dweud. Bore drannoeth fe'm brawychwyd gan yr olwg arni. Roedd ei llygaid yn ddau hollt main mewn balŵn cleisiog du o wyneb. Beth oedd wedi digwydd? Ceisiodd Mam esbonio'n ysgafn ei bod, wrth newid yn Crewe, ac wrth ruthro am y trên nesaf, wedi rhedeg ar ei phen i mewn i bolyn haearn oedd ar y platfform. Ceisiais ddychmygu'r llun ohoni ar lawr, mor ddiurddas, a phobl o'i chwmpas yn ceisio'i chodi ar ei thraed simsan. Anwybyddais y llun. Roedd yn rhy boenus, a thynghedais i mi fy hun nad edrychwn ar y llun hwnnw eto. Roeddwn i'n hen law ar ddiddymu nid yn unig luniau annifyr, ond emosiynau rhy amrwd hefyd.

Treuliais weddill gwyliau Nadolig 1994 yn gweini arni yn ei llofft. Ddaeth hi ddim lawr grisiau am dridiau. Roedd arna i ofn i Iolo ddychryn am ei hoedl o weld wyneb panda grotesg ei nain. Methais â gohirio'r parti i'r cymdogion ddiwrnod San Steffan, a gwnes esgusodion rif y gwlith dros Mam, gan wrthod gadael i neb fynd i'r llofft i'w gweld, er i mi ei siarsio i gadw'r sbectol haul ar ei hwyneb – rhag ofn. Bob hyn a hyn, drwy gydol y parti, fe sleifiwn i fyny'r grisiau gan ddirgel gydio yn y tymblyr o wisgi er mwyn bwydo'r gwenwyn iddi fel petai'n wystl dan warchae.

Wedi iddi ddychwelyd i Gaerdydd rai dyddiau'n ddiweddarach, cefnogodd Paul fi i'r carn wrth i mi benderfynu ysgrifennu'r llythyr emosiynol ati. Ffoniodd Mam fi i gydnabod y llythyr ac i'm sicrhau nad oedd pethau hanner cynddrwg ag yr oeddwn i'n tybio. Roedd hi'n iawn. Roedd hi'n llawer pwysicach i mi sianelu fy egni i gyd tuag at Iolo, yn hytrach na rwdlan fel hyn. Roedd siom Paul yn amlwg eleni pan fethais â chyflawni fy mygythiad, ond yn hytrach ildio i'r patrwm arferol a'i gwahodd i ymuno â ni i ddathlu'r Nadolig eto. Wyddai Iolo ddim am y cefndir hwn eleni na'r llynedd, ac er i mi geisio'i warchod rhag sgileffeithiau andwyol yfed Mam, roeddwn i ar fy ngwaethaf yn flin ac yn ddiamynedd efo Paul a fynta am y pethau mwyaf dibwys.

Roeddwn wedi golchi cwpan coffi Mam ar ôl brecwast ac wedi clywed oglau melys y wisgi yn y gwaddod. Chwydais fy rhwystredigaeth ar y rhai diniwed. Gwylltiais yn gacwn efo Iolo am beidio bwyta crystiau ei dost, ac fe drodd yn ffrae gwbl afresymol; Iolo'n crio a finnau'n ei hel i'w lofft am fod yn gymaint o fabi. Yna Paul yn fy nghyhuddo o fod yn llawdrwm ar yr hogyn, ac oedd hi'n amser fy misglwyf? Roeddwn i'n sgrechian erbyn hyn. Pam mae dynion yn meddwl mai'r misglwyf ydy'r rheswm am bob anghydfod?

Edrychodd Paul arnaf a gofyn mewn penbleth, 'Be dwi 'di neud, Leus? Be sy?'

Doedd o ddim wedi gwneud dim. Dim trosedd, dim pechod, dim byd. Dim ond peidio deall fy hunllef dawel. Ond fedrwn i ddim dweud y gwir. Dyna ran o'r salwch. Dwi'n gwybod rŵan fod salwch Mam yn ymdreiddio'n ddwfn i mi ar y pryd, yn newid fy nghymeriad, fy nhymer, fy agwedd at eraill – at y rhai agosaf ataf. Roedd lleisiau yn fy mhen yn dweud wrthyf am bwyllo, tewi, ymresymu, cyfrif i ddeg, ond mynnwn eu hanwybyddu.

Clywsom sŵn traed Mam ar y grisiau ac aeth Paul i hel ei gêr ar gyfer y gêm rygbi y prynhawn hwnnw. Aeth Mam i'r siop i nôl sigaréts (a photel o wisgi a photel o sinsir, yn ôl y sŵn clinc clonc cyfarwydd pan ddaeth hi'n ôl). Eisteddais wrth fwrdd y gegin a mwy o fywyd yn y cadach llestri yn fy llaw nag oedd ynof i o gwbl. Aeth Paul i nôl ei gôt.

'Rwyt ti'n mynd yn gynnar, wyt ti ddim?' meddwn heb edrych arno.

'Wyt ti'n gweld bai arna i? I be arhosa i fa'ma, yn siarad efo wal? Roeddan ni'n arfar gallu siarad, Leusa.'

'Fyddi di 'nôl wedyn? Dwi'n mynd i'r Royal erbyn wyth.'

'Mae dy fam yma.'

'Ti'n gwbod yn iawn nad ydw i'n licio gadael Iolo efo hi. Dwi'm yn gwbod sut fydd hi erbyn heno, nac ydw . . .'

'Mi fydd Iolo yn ei wely erbyn i ti fynd allan.'

'Iawn, mi arhosa i i mewn, 'ta.'

'O, paid â dechra ar dy hen ferthyrdod. Dos i dy ginio; mi fydda i 'nôl yma i warchod Iolo. Iawn?'

Cythrodd am y drws a'i glepio nes siglo'r lluniau ar y wal.

Roedd y Nadolig ar y trothwy a Iolo bach yn gyffro i gyd wrth edrych ymlaen at ymweliad Siôn Corn. Yn bump oed, roedd yn dechrau dirnad beth oedd ystyr yr holl gynnwrf. Ar ôl i Paul fynd o'r tŷ, dihengais innau a mynd â Iolo i ganolfan arddio ar Ynys Môn. Bûm yn sefyllian yno ynghanol degau o blant bach swnllyd oedd wedi'u weindio, yn disgwyl gweld y dyn ei hun. Fe'm trawodd wrth sefyll yno gyda fy mab bach syfrdan yn sain 'Jingle Bells', mor wirion oeddem ni oedolion yn hwrjio plant bach i fynd i eistedd ar lin dyn cwbl ddiarth mewn clogyn fawr goch. Daeth tro Iolo; gwasgai fy llaw yn dynn. Prin y gellid clywed ei lais bach wrth iddo ateb Siôn Corn. Bu'n rhaid i mi egluro mai fideo a phyjamas 'Lion King' roedd o eu heisiau ddydd Nadolig.

'Wyt ti'n hogyn da i dy fam?' gofynnodd Siôn Corn a'i farf gwyn gwlân cotwm yn disgyn yn is ac yn is gan ddatgelu mwstás du. Edrychodd Iolo arnaf yn betrus. Gwyddwn ei fod yn meddwl am y bore hwnnw, pan gollais fy limpyn yn lân efo fo. Rhoddodd wên ansicr i mi wrth i mi ateb cwestiwn Siôn Corn drosto:

'Ydy, Siôn Corn, mae o'n hogyn da i'w fam.'

Rhoddodd Siôn Corn fag papur lliwgar iddo yn llawn sothach: melysion, pot swigod, a jigso bychan 'Mr Men'. Roedd Iolo wedi gwirioni ac roedd y rhyddhad yn amlwg ar ei wyneb bach bochgoch.

Bu'n ddiwrnod hir, a Mam yn rwdlan efo Iolo ac yn chwarae ar fy nerfau bregus i. Mynnodd fynd allan i'r Beefeater newydd yr ochr arall i'r bont amser cinio. Doedd gen i ddim mymryn o awydd

mynd, gan y gwyddwn yn iawn nad eisiau pryd o
fwyd oedd ar Mam, ond esgus i yfed. Roedd yn
ddigon derbyniol i yfed dau wisgi mawr ac archebu
potel o win dros ginio. Doedd neb yn medru ei
beirniadu am yfed alcohol amser cinio, siŵr. Toedd
o'n beth cwbl normal i gael diod pan oedd rhywun
yn mynd â'i merch a'i hŵyr allan am bryd blasus o
fwyd? Yfais innau wydraid o win, er nad oedd ei
eisiau fo arna i o gwbl, ond roedd yr un gwydraid
hwnnw'n golygu fod Mam yn cael un yn llai.
Chyffyrddodd hi mo'i bwyd, a thanlinellodd hynny
fy ngwrthwynebiad i fynd yno yn y lle cyntaf.
Ceisiais ymlacio, ond teimlai pob cyhyr yn fy
nghorff fel pe bai mewn ymryson tynnu rhaff.
Byddai Mam wedi bod yn hapus i aros yno drwy'r
prynhawn, a Iolo hefyd mewn gwirionedd. Roedd
wrth ei fodd â'r bwrdd bach Lego yn y gornel, a
chawsai falŵn mawr a llun Siôn Corn arno gan y
weinyddes glên. Ond chwarae teg iddo, bodlonodd i
adael y bwyty'n ddirwgnach, yn wahanol i'w nain a
faglodd oddi yno'n bwdlyd.

Artaith fu'r prynhawn; Iolo wedi'i sodro o flaen
y teledu, Mam ar y soffa a gwydraid mawr o wisgi
yn ei llaw, a finnau'n smwddio. Roedd Iolo'n
swnian am gael diferyn o ddiod Nain a finnau'n
esbonio mai 'sudd afal sbesial' Nain oedd o.
Chwarddodd Mam fel taswn i wedi dweud
rhywbeth tu hwnt o ddigri. Gwrthodais weld y jôc.
Erbyn diwedd y prynhawn fedrwn i ddim dioddef
bod yn yr un ystafell â hi, ac felly lapiais Iolo fel
nionyn yn ei gôt fawr a'i gap a'i fenig, ac i lawr â'r
ddau ohonom i'r pentref i bostio'r cardiau Dolig

diwethaf. Roedd tri cherdyn wedi cyrraedd drwy'r post y bore hwnnw gan bobl roeddwn i wedi anghofio'n lân amdanynt. Ysgrifennais 'Nadolig Llawen' yn frysiog ragrithiol ar y cardiau.

Ar ôl eu postio tynnodd Iolo fi gerfydd fy nwylo difenig i lawr at lan y môr a gwynt main Rhagfyr yn merwino fy mysedd. Hwffiais ef yn ôl ac ymlaen ar y siglen gan stwffio fy nwylo rhynllyd bob hyn a hyn i boced y gôt ledr frown a gefais yn anrheg gan Paul y Nadolig cynt. Roeddwn i ar fin cynnig ein bod yn troi am adre pan ddaeth Delyth a'i mab Cerwyn atom. Bu Iolo a Cerwyn yn chwarae pêl-droed tra sgwrsiai Delyth a finnau ar y wal. Cwynai Delyth eu bod 'nhw' wedi diflannu i'r rygbi gan adael y merched i baratoi at drefniadau'r ŵyl, fel arfer. Ymunais yn y tantro, er nad oedd gen i wrthwynebiad mawr i Paul fynd i'w rygbi; roedd gen i boen meddwl mwy o lawer na hynny. Rhedodd Iolo ataf yn fwd o'i gorun i'w sawdl gan ofyn a gâi Cerwyn ddod i aros dros nos. Gwrthodais.

'Mae Mam yn gorfod mynd allan heno, Iolo.'

Cynigiodd Delyth i Iolo fynd draw i dreulio'r nos yn eu tŷ nhw.

'Diolch. Wyt ti'n siŵr na fydd o'n ormod o drafferth?' meddwn, gan geisio cuddio fy ngorfoledd. Golygai hynny na fyddai'n rhaid i Iolo weld ei nain fin nos. Duw yn unig a wyddai sut siâp fyddai arni. Cynigiodd Delyth ddod i fyny i'r tŷ i nôl bag nos Iolo. Eglurais fod Mam yno, a'i bod yn cysgu, ac y byddai'n well peidio â tharfu arni.

'Sut ti'n gwbod ei bod hi'n cysgu?' gofynnodd Iolo'n ddiniwed. Anwybyddais ei gwestiwn a

15

dweud wrth Delyth yr awn â Iolo draw erbyn chwech. Pan gyrhaeddodd Iolo a finnau'r tŷ roedd Mam yn chwyrnu cysgu ar y soffa. Pe bai bom wedi disgyn ar y stryd fyddai hi ddim wedi cyffroi o gwbl.

'Ro't ti'n iawn, Mam. Mae Nain yn cysgu!'

Chwarddodd Iolo a rhedeg i'r llofft i nôl ei byjamas a'i fag molchi. Roedd y llanast rhyfedda yn ei lofft: darnau Duplo a chynnwys ei focs tŵls yn bentyrrau driphlith draphlith, coes Action Man a thedi, slipar a hosan, awyren heb adain a char heb olwyn. Y cyfan yn gymysgfa flêr, a phopeth yn anghyflawn, heb bartner, yn gwbl ddi-fudd. Yn debyg iawn i mi.

Aeth Iolo i dŷ Cerwyn yn llawen a brysiais innau yn ôl i baratoi ar gyfer cinio Dolig y gwaith, er nad oedd gen i'r un awydd mynd iddo. Fûm i erioed yn un i fwynhau'r Nadolig. Ddim go iawn, beth bynnag. Mi fyddwn yn ymuno yn y dathlu a'r rhialtwch, byddwn, ond yn ddistaw bach mi fyddai rhan ohonof yn dyheu am gael dod yn ôl i drefn, cael tynnu'r trimings a'r cardiau oedd yn casglu llwch ar hyd y lle. Roedd yn well gen i fwynhau ar fy nhelerau fy hun yn hytrach na chael fy nghario gan li byrlymus yr ŵyl. Hyd yn oed pan oeddwn yn blentyn roedd elfen o chwithdod yn perthyn i'r Nadolig. Byddai Mam yn smalio bod yn llawen, a finnau yn yr un modd yn ffugio cyffro. Roedd fel gêm taflu pêl rhwng y ddwy ohonom; un yn taflu llonder a'r llall yn ei luchio yn ôl, gan ofalu peidio gollwng y bêl a difetha'r chwarae. Nid nad oeddwn yn hapus, dim ond fy mod yn ymwybodol er pan

16

oeddwn yn naw oed, a Mam a finnau fel dwy aden unig yn yr hongliad o dŷ mawr ym Mharc y Rhath, mai mwynhad straenllyd oedd o i gyd.

Mae gen i atgofion gwirioneddol hapus am y Nadoligau cyn hynny pan oedd Eiriannell yn dŷ oedd yn llawn chwerthin afieithus. Fe'm hamgylchynwyd gan gariad. Roedd fy mywyd yn ddifrycheuyn. Ond teimlai'r cyfnod hwnnw fel oes arall, fel bywyd arall, fel breuddwyd. Yr adeg honno tybiwn fod pawb yn byw am byth fel y tylwyth teg a Siôn Corn. Bu'n rhaid wynebu realiti creulon bywyd yn ddigon buan, yn rhy fuan o lawer.

Wrth frasgamu'n ôl o dŷ Cerwyn draw at ein stryd ni, ceisiais ddewis yn fy mhen beth i'w wisgo i fynd allan. Chawswn i ddim cyfle i fynd â'r trowsus lledr i gael ei lanhau. Byddai'n rhaid i'r ffrog fach ddu wneud y tro; y ffrog yr oedd Paul wedi gwirioni arni pan brynais hi fis ynghynt ar gyfer swper y clwb rygbi. Wrth nesu at y tŷ oedais i edmygu'r rhes tai cerrig; pum tŷ fu unwaith yn anheddau i stiwardiaid a chlercod y porthladd llechi. Bu Paul a fi'n sobor o ffodus i brynu'r tŷ ychydig fisoedd cyn i brisiau tai yr ardal godi i'r entrychion ynghanol yr wythdegau barus. Roedd y ffenestri sash gwreiddiol ymhob un, heblaw am dŷ'r bobl ddŵad o Swydd Caer. Yn fy marn i roedden nhw wedi distrywio'r diwyg yn llwyr wrth orfodi ffenestri a drws plastig gwyn newydd ar wyneb hynafol y tŷ pen. Sgrechiai newydd-deb y plastig yn ymorchestol ddigywilydd yn erbyn cefndir tawel, urddasol y meini llwydion.

Gwichiodd y giât bren mewn protest wrth i mi ei hwffio ar agor. Dringais y tair gris llechi a chael fy nharo gan symlrwydd hardd y dorch o gelyn a brynais yn y ganolfan arddio'r bore hwnnw, yn erbyn coch hynod drws Sioraidd ein tŷ. Roedd Mam yn y gegin yn tollti diod arall iddi hi ei hun. Chlywodd hi mohona i'n dod i'r tŷ.

'Ddychrynis di fi. Lle ti 'di bod? Faint o'r gloch ydy hi?'

'Mae Iolo 'di mynd i aros efo'i ffrind.'

'O, bechod! A finna 'di edrych ymlaen at gael ei gwmni o heno.'

'Mae'n rhaid i mi fynd i baratoi.'

Am chwarter i wyth cyrhaeddodd y tacsi. Doedd dim sôn am Paul ac roedd Mam yn un swpyn diymadferth ar y soffa eto a'r teledu'n diasbedain dros y tŷ.

*   *   *

Y person cyntaf a welais i ar ôl cyrraedd y Royal oedd Bethan, un o'r ddwy ysgrifenyddes yn y swyddfa a fy ffrind pennaf yn y gwaith. Roedd ei choesau wedi eu gwasgu i'w legins duon, a'i bronnau helaeth yn protestio yn erbyn y crys lycra coch a du oedd o leiaf un maint yn rhy fach. Roedd ganddi glustdlysau tinsel, ac uchelwydd yn gwywo yn ei gwallt cyrliog du.

'Haia, Leusi peus. Ti'n barod am sesh?'

'Tw rait!'

''Di dy fam wedi cyrraedd?'

'Ydy,' meddwn, gan drio tynnu sylw'r climach o farman.

'Pam 'sat ti'n dod â hi efo chdi? 'Sa hi'n dipyn mwy joli na rhai o'r rhain.'

Roedd Bethan yn gyrru ymlaen yn dda efo Mam. Gwyddwn ei bod yn cysidro Mam yn dipyn o gês o'i chymharu â'i mam hi. Er cymaint y byddai Bethan yn cwyno am ei mam roeddwn i wastad wedi bod yn hoff ohoni. Cefais hi'n ddynes annwyl a diymhongar iawn bob tro y siaradwn â hi. Ond roedd perthynas pob mam â'i merch yn beth personol iawn, fel y gwyddwn yn dda. Edrychais o'm cwmpas a gwenu ar y lleill. Roedd golwg barchus a diflas iawn ar y rhan fwyaf ohonynt.

'Be ti isio, Beth? Be 'di am fod, siorts 'ta peints?' Cyn i Bethan ateb teimlais law Dafydd, y Prif Therapydd Iaith a Lleferydd, ar fy ysgwydd.

'Ga i hon, genod. Be gymri di, Leusa?'

'Rhwbath efo cic yno fo, Dafydd, plîs. Gin a thonic mawr.'

'Mae Leusa'n licio nhw'n fawr,' meddai Bethan a'i llygaid yn pefrio. Chwarddodd Dafydd a thynnodd ei law gynnes oddi ar fy ngwar ac archebu'r diodydd i ni. Aeth Bethan a finnau i eistedd at y lleill.

Roedd tua dwsin yno, yn ysgrifenyddesau, therapyddion lleferydd, ambell i bartner tawedog, fi fel Cyd-Gysylltydd Gwasanaethau, a Dafydd. Cinio Dolig ynghyd â chinio ffarwél i Dafydd oedd o gan ei fod o wedi cael swydd ddarlithio yng Nghaerdydd. Roedd y symud i Gaerdydd yn amseru da iddo. Roedd Paul, fu'n ei gynrychioli drwy ei ysgariad, newydd drosglwyddo'r papurau yn terfynu ei briodas iddo. Roedd o'n ddyn rhydd.

Bu Dafydd yn ceisio fy mherswadio i gynnig am ei swydd o, ond er i mi ystyried, penderfynais fod gen i ddigon ar fy mhlât yn barod. Fûm i erioed yn uchelgeisiol iawn ac roedd cyflog da Paul fel cyfreithiwr yn golygu nad oedd gennym ni broblemau ariannol. Penodwyd Dorothy Wilkinson yn Brif Therapydd yn ei le; byddai'n dod atom o Glwyd ar ôl y Nadolig. Byddai'n chwith heb gwmni hwyliog ond cadarn Dafydd fel pennaeth, ac am y tro cyntaf, wrth iddo roi'r ddiod yn fy llaw, rhagwelais y byddai gen i hiraeth amdano.

Roedd y swper yn y Royal yn ddigon dymunol, er i mi fethu cael blas iawn ar ddim. Llusgodd y noson fel hen falwen greulon, a finnau'n crafangu i gadw'r masg arferol yn ei le. Gwenu. Gwenu. Gwenu. Pan gyrhaeddodd y pwdin teimlais droed Dafydd gyferbyn â mi yn taro fy ffêr yn ysgafn. Edrychais arno. Cododd ei aeliau gan ystumio, 'Ti'n iawn?'

Gwenais, gan esbonio fy mod wedi blino. Roedd y *gin* a'r gwin wedi dechrau mynd i'm pen. Gwyddwn fy mod yn chwil, ac nid fi oedd yr unig un; roedd sawl un ohonon ni therapyddion lleferydd yn eironig ddigon yn cael trafferth i siarad yn glir!

Erbyn deg roedden ni i gyd wedi gorffen bwyta, a dechreuodd rhai fynd yn ôl am y bar a'r rhai mwy parchus i ffonio am dacsis. Cododd Bethan ar ei thraed yn sigledig a chyhoeddi ei bod yn mynd i'r ystafell nesaf. Roedd yna barti arall yn fanno, a phwy oedd am fod yn 'boring' a mynd adre, a phwy oedd am ddod efo hi? Cyn i mi gael cyfle i wrthod fe'm llusgodd drwy'r drws. Roedd yr ystafell yn fyglyd a phawb yno yn yr un math o stad â fi. Criw'r Cyngor Sir oedd yno, hyd y gwelwn i. Aeth

Bethan yn syth i ddawnsio ac fe'm cornelwyd i gan Gareth Highways, gwlanen o ddyn, a sibrydodd fy mod yn 'edrach yn ded secsi'.

'Ffyc off!' meddwn innau, gan droi i adael. Wrth droi fe es yn bwcs i mewn i Dafydd oedd yn sefyll yno a pheint yn ei law. Aeth hanner ei ddiod dros fy ffrog fach ddu.

'Shit!' meddwn, wrth deimlo'r cwrw'n ymdreiddio drwy sidan y ffrog ac yn gwlychu'r bais oddi tani.

'Shit, sori, Leusa.'

Dywedais fod popeth yn iawn; roeddwn i am fynd adre beth bynnag.

'Yli, tyrd i fyny, mi gei di'i sychu fo'n llofft.'

'Yn llofft?'

'Ia, dwi 'di bwcio llofft am heno, haws na chael tacsi. Paid â mynd rŵan, Leusa. 'Dio'm fath â chdi i adael yn gynnar.'

Edrychais o'm cwmpas i weld lle roedd Bethan. Daeth hanner gwên i'm hwyneb wrth ei gweld yn pwyso yn erbyn pilar y llawr dawnsio a Gareth Highways yn glafoerio drosti. Cydiodd Dafydd yn fy llaw a rhoi ei oriad ynddi.

''Na i ddisgwyl amdana chdi'n fa'ma.' Edrychais arno, ac yn yr eiliad honno fe ddaeth rhyw ddiawledigrwydd drosof. Rhoddais fy ngwên bryfoclyd orau iddo gan symud fy llygaid ar draws ei wyneb cyn setlo'n ôl ar ei lygaid yntau. Doedd o ddim yn hynod o ddel; a dweud y gwir roedd o'n ymylu ar fod yn blaen. Roedd ei lygaid yn rhy fawr a'i wyneb yn rhy hir. Ond roedd ganddo gorff bendigedig, ysgwyddau llydain a phen ôl twt. Rhoddais y goriad yn ôl yn ei law heb dynnu fy llygaid oddi arno. I'r diawl â phawb, roeddwn i'n haeddu tipyn o hwyl. Mi fyddai hi'n Ddolig digon ciami rhwng bob dim.

'Dwi 'rioed 'di bod i fyny grisia yma. Dwi'm yn gwbod y ffordd.'

Roedd llygaid Dafydd wedi'u hoelio arnaf a gwyddwn ei fod yn fy awchu.

'A beth bynnag, ella y bydda i isio help efo'r ffrog 'ma.' Brathais fy ngwefus gan hanner cywilyddio fy mod mor fflyrtiog, ac eto'n mwynhau bob munud. Gwyddwn wrth ddringo'r grisiau efo Dafydd y byddwn, am y tro cyntaf ers i mi briodi, yn anffyddlon i Paul.

Ni fu'r ffrog fach ddu amdanaf yn hir. Wrth fy nadwisgo rhwygodd dau o'r botymau cefn a lluchiodd Dafydd y ffrog yn un swp tamp ar lawr.

'Mae hi'n 'lyb *a* 'di torri rŵan,' meddwn innau tra cusanai fy ngwar a bodio fy mhais â'i ddwylo, a'm bronnau'n codi mewn ymateb i'w gyffyrddiad deheuig. Tynnais felt ei drowsus ac agor ei falog. Roedd o'n ysu amdanaf. Rhoddodd fi i orwedd ar y gwely. Rhedodd ei ddwylo dros fy nghoesau, o dan linyn gardas y sanau a thynnu'r nicyr i ffwrdd. Roedd yna rywbeth brawychus a thu hwnt o gyffrous am gysgu efo rhywun gwahanol i'm gŵr. Ni wyddwn yn iawn beth wnâi Dafydd nesaf. Roedd fy llygaid ar gau ac yswn am ei gael y tu mewn i mi, ond nid dyna wnaeth o. Teimlais ei dafod yn gogleisio. Ochneidiais. Roedd yn fy mhryfocio. Gwyddai fy mod yn barod i'w dderbyn, ond gwnaeth i mi aros. Pan na allwn ddioddef dim mwy clywais lais dieithr yn galw, 'Rŵan, Dafydd.

Plîs, rŵan.' Nid tan ar ôl iddo ddod y tu mewn i mi y sylweddolais mai fy llais i fu'n erfyn arno.

Ar ôl gorffen fe ogododd ar ei eistedd, edrych arnaf a dweud diolch. Daeth awydd chwerthin arnaf. Pam ddiawl yr oedd yn diolch i mi? Ac yn y foment honno, er cystal y rhyw, yr unig deimlad oedd gen i tuag ato fo a thuag ataf fy hun oedd ffieidd-dra. Gwyddwn fy mod wedi gwneud clamp o gamgymeriad. A fyddai Paul yn amau? A fyddai'n gwybod wrth fy ngharu fin nos fy mod wedi rhannu fy nghorff â rhywun arall?

O fewn llai nag awr roeddwn yn ôl yn y cyntedd. Roedd amser fel petai wedi aros yn llonydd, ond fy mod bellach yn teimlo'n hollol sobor. Deuai'r un lleisiau meddw o gyfeiriad ystafell fawr y Royal, a cherddoriaeth Slade yn diasbedain dros y lle. Es i chwilio am Bethan ond doedd dim sôn amdani, nac am Gareth Highways. Fel roeddwn yn troi am y drws gwelais Dafydd yn dod i lawr y grisiau yn llewys ei grys, a chynffon hwnnw'n hongian yn flêr dros ei drowsus. Cariai fy sgarff felfed biws yn ei law. Rhoddodd y sgarff o gwmpas fy ngwddf gan ddal ei afael arni tra cusanodd fi eto gan fwmian 'Nadolig llawen' yn fy nghlust. Edrychodd arnaf yn llesmeiriol cyn i mi weld ei lygaid yn rhewi ar rywun neu rywbeth y tu ôl i mi. Roedd fel pe bai wedi gweld rhith. Trois fy mhen i weld beth oedd wedi dal ei sylw. Rhewais innau pan welais Paul yn sefyll wrth y drws, yn amlwg wedi gweld y cyfan.

Gadewais Dafydd a cherdded ato.

'Paul. Ro'n i'n meddwl dy fod ti gartre.'

'Mae hynny'n amlwg.' Cerddodd Paul tuag at

Dafydd a dweud mewn llais isel, ''Nes di'm deud wrtha i pan o'n i'n trefnu dy bapura ysgariad di dy fod ti'n ffwcio 'ngwraig i.'

Llyncais fy mhoer. Am y tro cyntaf erioed roeddwn i wirioneddol ofn fy ngŵr, ond ddywedodd o ddim mwy, dim ond troi ar ei sawdl a mynd allan. Edrychais yn ôl at y grisiau, ond roedd Dafydd hefyd wedi diflannu bellach. Sefais yno yn fy ffrog rychlyd, a'm sanau yn rhediadau drwyddynt a'r mascara Lancôme yn batrymau duon i lawr fy ngruddiau.

'Tacsi i Leusa Williams!' Torrodd llais y gyrrwr tacsi ar draws fy ofnau ac es adre gan ddyheu am fedru dileu yr awr ddiwethaf, ac ailsefydlu'r ymddiriedaeth rhwng Paul a minnau a chwalwyd yn chwilfriw.

Bu Nadolig y flwyddyn honno yn waeth na'r disgwyl, a'r diwrnod yr aeth Iolo yn ôl i'r ysgol fis Ionawr 1996 fe adawodd Paul fi i fynd i fyw mewn fflat uwchben ei swyddfa yn y dre.

RHAN DAU

Pennod 2

Haf 1997

Crewe. Hanner awr wedi deuddeg a doedd y trên nesaf i Gaerdydd ddim yn cyrraedd platfform 6 tan ddau. Blydi grêt! Awr a hanner! Beth wnâi rhywun mewn lle mor ddiffaith am awr a hanner bnawn Sul? Roedd golwg ddiflas ac ar goll ar yr ychydig bobl oedd yno hefo fi, ond doedd neb mor ar goll â fi. Ymlwybrai llawer o'm cyd-deithwyr i wahanol gyfeiriadau, yn tynnu cesys cwynfanllyd ar olwynion gwichlyd, ac yn straffaglio efo bagiau yn orlawn o geriach, o ddilladach, o gyfrinachau. Lledai dau staen mawr tywyll yn araf fel lafa poeth o dan fy ngheseiliau gan newid lliw fy nghrys o las golau i las tywyll. I beth wnes i wisgo jîns ar ddiwrnod mor gynnes? Roedden nhw'n rhai tyn ar y gorau, ond roedden nhw'n glynu fel gelen wrtha i y funud honno. Swagrai gorsaf-feistr boliog, chwyslyd tuag ataf, a'i drowsus fel petai wedi ffraeo â'i esgidiau. Gofynnais iddo'n gwrtais beth oedd wedi digwydd i'r trên un o'r gloch.

'*It's Sunday,*' meddai hwnnw'n swta, fel petai hynny'n ateb rhesymegol i gwestiwn hurt. Dydd Sul

25

neu beidio, cawn fy nhemtio i'w gynghori i fynd i chwilio am fferyllfa i fuddsoddi mewn disawrydd go gryf. Eiliad arall yn ei gwmni a pheryg y buaswn i'n llewygu, neu ai fi oedd yn drewi? I ffwrdd â fo gan duchan fel petai o'r person prysuraf ar y blaned, gan fy ngadael fel plentyn bach amddifad coll, a dyna'n union sut roeddwn i'n teimlo. Argo, roedd 'na rywbeth am bobl mewn iwnifform, waeth pa mor chwerthinllyd roedden nhw'n edrych. Pa hawl oedd gan y llo gwirion i fod mor jarfflyd? Os oedd yna rywbeth yn fy ngwylltio yn fwy na gwasanaeth trenau Prydain Fawr ar ddydd Sul, hen bennau bach hunanbwysig, drewllyd oedd hynny.

Daeth oglau cyfarwydd gwirodydd a chwrw i'm taro fel atgof o fwriad fy nhaith wrth i mi eistedd yn y caffi mwya digroeso y bûm i ynddo fo erioed. Wedi dweud hynny, doedd 'na'r un caffi mewn gorsaf drenau yn debygol o fod yn y *Good Food Guide*, ond doedd bosib nad oedd yna rai llawer iawn gwaeth na hwn. Gorfodais fy hun i fwyta'r hyn a ddisgrifiwyd ar y paced fel brechdan caws a salad. Os letis oedd y llysnafedd gwyrdd rhwng y ddwy sleisan o gaws plastig, wel mi fuaswn i'n bwyta'n het, ac wedi meddwl, mae'n siŵr y basa 'na well blas ar honno, tasa gen i un. Doedd y coffi fawr gwell, ac i goroni diflastod y foment daeth hen wraig drwynsur i eistedd wrth fy ymyl, a golwg fel pe bai twmpath o dail o dan ei ffroenau. Pam dod at fy mwrdd i, pan oedd yna o leia hanner dwsin o rai gweigion i ddewis ohonyn nhw? Ceisiodd ddal fy llygad, ond yn sydyn iawn roedd y disgrifiad ar y seloffên o'r frechdan roeddwn i newydd geisio'i bwyta yn hynod ddiddorol. Pesychodd. Ai ceisio tynnu fy sylw oedd hi, ynteu protestio yn erbyn y sigarét oedd gen i ar ei hanner yn y blwch llwch? Edrychais o'm cwmpas i'm sicrhau fy hun bod gen i hawl i ysmygu yno. Tra oeddwn i ar fin paratoi araith digon piwis ar ei chyfer pe bai hi'n meiddio dechrau cwyno am ysmygwyr, dyma hi'n estyn am ei throli a'i chês. Cododd, diolch byth, gan fwmian rhywbeth yn flin dan ei gwynt. 'Gwynt teg ar d'ôl ditha 'fyd,' meddwn innau'n ddistaw bach i mi fy hun.

Gwenodd yr hogyn ifanc gyferbyn â fi. Gwenais yn ôl arno, a diffodd fy sigarét. Mi fuaswn i'n fodlon rhoi'r gorau i ysmygu iddo fo. Edrychais arno fo eto. Roedd ei ben cringoch yn ôl yn ei bapur. Roedd o'n beth del. Corff gwydn, a'r crys Reebok yn hongian yn llac dros ei ysgwyddau llydan. Oedd o braidd yn ifanc i mi? Faint oedd o? Chwech ar hugain, saith ar hugain . . .? Daria! Roedd o wedi fy nal i'n rhythu arno. Cochais. Pam oeddwn i'n cochi mor hawdd? Roeddwn i'n arfer bod mor hyderus, yn rhy hyderus efallai. Ac eto, rhyw hyder ffug oedd o. Fu gen i erioed hunanhyder go iawn. Dyna sut y collais fy morwyndod. Nid am fy mod i eisiau gwneud, ond am nad oedd gen i'r hyder i ddweud na. Credwn fod yn rhaid i mi gysgu efo rhywun er mwyn iddyn nhw barhau i fod â diddordeb ynof i. Nid tan i mi gyfarfod Paul y sylweddolais nad oedd hynny o reidrwydd yn wir.

Roedd y misoedd diwethaf wedi chwarae hafoc â'm nerfau i, ond faswn i ddim yn swil efo'r hogyn yn y caffi tasa fo'n rhoi hanner cyfle i mi. Roeddwn i'n giamstar ar wireddu gorchestion cnawdol, ond yn anobeithiol, meddai Paul, am drin perthynas emosiynol. Y gwir plaen amdani oedd fy mod wedi f'addysgu fy hun er pan oeddwn yn ifanc i fferru teimladau. Cofiwn fel y byddai Paul ers talwm yn gofyn i mi o bryd i'w gilydd sut roeddwn i'n teimlo. Byddai'r cwestiwn hwnnw bob amser yn drech na mi. Wyddwn i byth sut roeddwn i'n teimlo. Ar wahân i deimlo'n flinedig, yn rhwystredig, yn eiddigeddus, yn oer neu'n boeth, doeddwn i ddim yn gyfarwydd â theimladau eraill – ar wahân i deimlo'n rhywiol weithiau. Roedd amser maith ers i mi rannu gwely â dyn – nid bod y noson honno'n un i'w chofio. Roedd blwyddyn a hanner yn amser hir, a phob diwrnod fe deimlwn fy nghorff yn heneiddio ac yn llacio, ond doedd yr ysfa i gael fy nghofleidio gan freichiau dyn cyhyrog yn pylu dim.

Canodd ffôn bach yr Adonis gyferbyn. Twriodd yn ei rycsac a gwenu wrth gyfarch y sawl oedd ar y pen arall. Gwyrai ei ben wrth siarad yn ddistaw, gyfrinachol. Gwenodd yn annwyl eto a chrafu sofl ei farf. Roedd ei gariad yn hogan lwcus, ddywedwn i. Braf arnyn nhw. Mae'n siŵr y byddai hi'n ei ddisgwyl ar ryw blatfform cyn diwedd y prynhawn. Mi fydden nhw'n cofleidio ac yn cusanu'n frwd cyn rhuthro yn ôl i fflat neu westy am noson o garu nwydwyllt.

Beth fyddai'n fy nisgwyl i ar ben fy nhaith? Yn sicr fyddai yna neb yn yr orsaf. A beth am y tŷ? Roedd meddwl am y noson o'm blaen yn codi cryd arna i. Mi fyddai Mam o'i cho pan ddeallai hi beth roeddwn i wedi'i wneud. Sut oeddwn i am ddweud wrthi? Beth ddywedwn i wrthi? Penderfynais geisio ei ffonio eto. Rhaid oedd tanio un sigarét arall. Fedrwn i ddim wynebu siarad â hi heb sigarét. Y peiriant ateb eto. Beth oedd hi'n neud? Fedrai hi ddim bod wedi mynd allan. Dridiau yn ôl chododd hi ddim o'i gwely. Beth os mai corff fyddai'n fy nisgwyl i pan awn i'r tŷ? Beth oedd rhywun yn ei wneud pan ddarganfyddid corff? Doeddwn i ddim yn cofio. Ffonio'r doctor? Na, beth fedrai hwnnw ei wneud â chorff? Ffonio ambiwlans?

'Mam, fi sy 'ma eto. Lle 'dach chi? 'Dach chi'n iawn? Mae'r trên yn hwyr. Peidiwch â phoeni, mi fydda i yno efo chi ddiwedd pnawn. Dria i eto cyn cyrraedd Caerdydd.'

Oedd hi'n gwrando arna i? Os oedd hi, pam nad atebai hi fi? Fe wyddai'n iawn gymaint roeddwn yn poeni amdani. Fuaswn i ddim wedi gwneud taith mor wallgof taswn i ddim yn malio'r un botwm corn amdani. Y gwir plaen oedd fy mod i'n meddwl y byd ohoni yn y bôn, er gwaethaf popeth. A ddywedwn i hynny wrthi fyth? A oedd hi'n rhy hwyr?

Os oedd hi wedi marw mi fyddai yna drefniadau i'w gwneud. Sut oedd mynd ati i drefnu cynhebrwng? O leiaf roeddwn i'n gwybod am un emyn fasa'n neis. Neis? Sut fedrwn i fod mor oeraidd? Roeddwn i'n hollol ddiemosiwn. Ond mi fasai 'Rhys' yn 'neis'. Mi fyddai'r geiriau'n gweddu i'r dim. 'Rho im yr hedd na ŵyr y byd amdano'. Mi fyddai angen mwy nag un emyn mewn cynhebrwng. Beth am 'Iesu Tirion'? Na. Fe fyddai hynny'n dod â gormod o atgofion yn ôl. A phwy fuasai'n cario? Ei chario hi. Fyddai dim angen llawer. Mi fyddai'r arch yn ysgafn iawn. Edrychai fel pe bai hi wedi bod yn byw ar wellt ei gwely ers misoedd. Pryd fwytaodd hi bryd iawn o fwyd ddiwethaf? Wyddwn i ddim. A beth fuaswn i'n ei wisgo? Mi fuasai'r siwt fach lwyd yna'n iawn tasa hi'n braf, ond beth tasa hi'n bwrw? Argian! Fyddai pobl eraill yn meddwl am bethau pitw fel hyn wrth ystyried marwolaeth rhiant? Mynd i gwrdd â gofid oeddwn i. Toedd hi ddim wedi marw, siŵr. Neu oedd hi? A beth am Iolo? A fyddai hi'n weddus iddo fo gael mynd i gynhebrwng ei nain? A Paul? Paul. Byddai'n dda cael rhannu'r baich efo fo, ond roeddwn i wedi piso ar fy tsips go iawn efo Paul.

Roedd Bethan wedi dweud wrtha i yn y Vic y noson cynt ei bod hi'n meddwl ei fod o'n canlyn. Athrawes ifanc yn Sir Fôn. Mari oedd ei henw hi. Roedd hi o leiaf bum mlynedd yn iau na fi, coesau at ei gwddw a gwallt gola at ei thin twt. Fedrai Paul ddim maddau i genod pryd golau 'rioed, ac mae'n siŵr nad o botal y cafodd hi ei chudynnau melyn. Mae'n siŵr nad oedd ganddi seliwleit ar ei thin, chwaith. Wyddwn i ddim pam y dywedodd Bethan hyn i gyd wrtha i neithiwr. Oedd hi'n meddwl ei bod hi'n gwneud ffafr â fi wrth ddweud? Roedd meddwl amdano fo efo rhywun arall fel troi cyllell yn fy stumog. Dyna beth oedd cael rhywfaint o fy ffisig fy hun.

'Fyddi di'n 'i weld o weithia, ar wahân i pan fydd o'n dod i nôl Iolo, 'lly . . .?' gofynnodd hi wedyn a'i llygaid yn pefrio. Roedd Bethan yn arian byw o gymeriad, ond fuaswn i ddim yn dweud dim byd wrthi na fuaswn i'n fodlon ei roi ar dudalen flaen yr *Herald*. Roedd hi wedi bod yn dda iawn wrtha i, chwarae teg, ac roedd Iolo'n meddwl y byd ohoni. Doedd fiw i mi ddigio tuag ati, oherwydd beth fuaswn i'n gwneud hebddi? Cymerais ddracht go hegar o'r Guinness a sbio'n syn arni.

'I be faswn i isio gweld y coc oen yna, Bethan?' meddwn i'n ddi-hid. Mi chwarddodd hi.

'*Well done*, Leusa! Dwi mor falch dy fod ti 'di dod drosto fo.' Dod drosto fo? Mi fuaswn i'n rhoi rhywbeth am gael gwneud, ond mae'n debyg mai'r Mari 'na oedd yn cael y fraint honno bellach. Doedd gan Bethan ddim syniad sut roeddwn i'n teimlo go iawn. Doedd gan neb. 'Rhen Leusa glên, siriol. Hy! mi ddylwn i fod wedi bod yn actores.

Wrth droi yn ôl at y papur, fe ddes ar draws dyddiadur Ruth Picardie, merch tua'r un oed â mi, oedd yn marw o ganser. Roedd yr ysgrifennu'n ingol ond heb fod yn sentimental. Roeddwn i'n darllen drwy niwl o ddagrau. Ymwroli. Doedd problemau fy mywyd bach pitw i yn ddim o'u cymharu â'i rhai hi. O leiaf roedd gen i fywyd.

Atseiniodd llais undonog cwbl annealladwy dros y platffform, a sgrialodd y llond dwrn oedd yn y caffi am y drws. Codais innau hefyd, rhag ofn mai'r trên i Gaerdydd oedd ar ei ffordd. Doedd 'na ddim sôn am Adonis, ond roedd yr hen wraig â'i throli yn sefyll o'm blaen yn plygu dros erchwyn y platffform er mwyn gweld y trên yn dod, a'i choesau'n bolio o linellau gleision chwyddedig. Fasa dim ond eisiau i mi chwythu arni a mi fasa hi'n disgyn ar y cledrau, a'r pryfaid genwair llonydd yn ffrwydro o'i choesau yn danchwa waedlyd. Symudais yn ddigon pell oddi wrthi rhag ofn i mi ildio i'r demtasiwn, a ph'run bynnag, doeddwn i ddim eisiau gorfod eistedd yn yr un cerbyd â hi.

Daeth y llais diflas eto, a thybiais i mi glywed y gair 'Swansea'. Roedd y sgrin deledu uwch fy mhen, oedd i fod i roi'r wybodaeth berthnasol i'r teithwyr, yn ddu. 'It's Sunday' mae'n siŵr fuasai'r rheswm pe bawn i'n ddigon gwirion i ofyn pam nad oedd o'n gweithio. Eisteddais yn un swp yn y sedd wag agosaf. Gwelais fy adlewyrchiad yn y ffenest lychlyd. Roedd fy ngwep yn haul poeth y prynhawn fel wythnos wlyb.

Pont-y-pŵl. Mae'n rhaid 'mod i wedi cysgu. Cwsg llwynog, ch'adal Mam. Mae'n siŵr mai cysgu roedd hithau. Cydiais yn y ffôn eto. Dim signal. Daeth Mam a'i phlentyn i eistedd gyferbyn â mi. Darllenai'r fam Good Housekeeping, cylchgrawn a oedd, yn ôl yr hyn a honnai'r clawr, yr union ddeunydd 'for the timeless grown-up woman'. Beth neu bwy yn union oedd honno, doedd gen i ddim clem. Mi fedrwn i uniaethu efo'r 'woman', ond doeddwn i ddim yn deall y 'timeless', ac fe wyddwn i sicrwydd nad oeddwn i'n 'grown-up' – dim mwy na'r hogyn bach gyferbyn â mi oedd wedi ymgolli yn ei degan Darth Vader. Edrychodd arnaf yn chwilfrydig. Gwenais arno, ond trodd yn ôl at ei degan heb gymryd arno fy ngweld. Tybiais ei fod tua saith oed, yr un peth â fy Iolo bach i.

'May the force be with you,' meddai wrth ei degan mewn acen Americanaidd. Lluchiai Darth Vader i'r awyr gan fwmian canu cerddoriaeth Star

Wars. Edrychodd y fam arnaf. Gwelodd nad oedd gen i wrthwynebiad i'r sŵn a throdd yn ôl at ei herthygl. Edrychais ar y plentyn gyda chymysgedd o hiraeth am Iolo, ac mewn ffordd rhyfedd, hiraeth am fy mhlentyndod fy hun, yn ogystal â'r mymryn lleiaf o eiddigedd. Beth fuasai pawb yn ei ddweud taswn i'n gwneud yr hyn roedd o'n ei wneud? Beth pe bawn i'n dechrau chwifio tegan yn yr awyr a chanu'n ddiymatal dros y lle? Mi fyddai pobl yn meddwl fy mod yn hollol ddw-lal! Digon posib fy mod i! Pryd oedd hi'n iawn i blentyn ymddwyn fel hyn, a phryd y deuai'r cyfnod diniwed braf hwnnw i ben? Fedrwn i ddim cofio'r trawsnewid o fod yn blentyn dibryder yn byw yn fy myd bach creadigol ddychmygol, i fod yn 'oedolyn' diflas a chyfrifol-debau'n benyd arnaf.

Dechreuais feddwl am Iolo. Tybed beth roedd o'n ei wneud? O leiaf roedd o mewn dwylo da efo Bethan. Diolch byth ei bod hi wedi cytuno i ofalu amdano; doeddwn i ddim eisiau esbonio i Paul i ble roeddwn i'n mynd, yn enwedig os oedd ganddo fo gariad newydd. Wnaeth Iolo ddim sôn y diwrnod blaenorol fod gan Dad 'ffrind' newydd, dim ond eu bod wedi mynd i'r parc dros yr aber a bod Tomos Michael 'sy'n wyth a hanner' wedi chwarae Batman a Robin efo fo yn y twnnel bach yn y coed a bod pob dim yn cŵl!

'Sut mae petha?' meddai Paul, wrth hebrwng Iolo i'r drws echdoe.

'Iawn, diolch,' meddwn innau'n sifil. Fedrwn i ddim edrych arno heb deimlo bod holl bili-palod y greadigaeth yn cael parti yn fy mol. Roedd o wedi cael torri ei wallt ers i mi ei weld o ddiwethaf ac roedd y lliw haul ar ei wyneb yn cyferbynnu'n berffaith â glas glan môr ei lygaid direidus.

'Ti'n dod i mewn, Dad?' gofynnodd Iolo'n obeithiol.

'Dim heno, Iolo,' meddwn innau'n swta gan chwalu ei freuddwydion seithmlwydd oed am ddedwyddwch rhwng ei ddau riant.

'Ta ta, boi! Bydd di'n hogyn da i Mam. Wela i di'n fuan!' Trodd Iolo ar ei sawdl heb ffarwelio a rhedeg i fyny i'w lofft. Bu Paul a finnau'n sefyll ar riniog y drws am ennyd heb yngan gair.

'Bydd raid i ni siarad, Leus.' Leus! Leus! Am ryw reswm, roedd ei glywed yn dweud fy enw yn toddi fy nghalon galed.

'Bydd?' meddwn innau'n siarp, a thinc o eironi yn fy llais. Roedd Paul yn fy adnabod fel cledr ei law, a gwyddai fod yna rywbeth wedi fy mhigo, ond doeddwn i ddim am ei holi am ei 'ffrind'. Roedd gen i ormod ar fy mhlât, a fedrwn i ddim delio efo fo ar ben bob dim.

'Wel?' meddai a'i aeliau'n codi gan greu crych cam ar ei dalcen. Iesu, roedd o'n edrych yn dda – yn boenus o olygus.

'Dim heno,' oedd yr unig eiriau fedrwn i eu dweud, cyn cau'r drws yn glep. Roeddwn i'n chwip o gyfathrebwraig yn y gwaith, ond yn methu'n lân a chyfathrebu ar lefel bersonol. Bu Paul y tu allan i'r tŷ am rai munudau; chychwynnodd o mo'r car am sbel. Beth oedd o'n feddwl pan ddywedodd o fod yn rhaid i ni siarad? Siarad am Iolo neu amdanon ni'n dau? Fe ddywedodd Robert wrtha i y basai ei

34

frawd yn fy nghymryd yn ôl fory nesa pe bawn i'n rhoi hanner cyfle iddo fo, ond roedd tri mis a mwy ers i mi gael y sgwrs honno. Roedd hi'n amlwg ei fod wedi ffendio rhywun i lenwi'r bwlch ers hynny. Mari. Mari. Oedd yna bili-palod yn ei bol hithau pan fyddai'n griddfan ei henw yn ei chlust wrth fwytho'i chorff?

Ar ôl i Paul adael es i fyny at Iolo. Roedd o'n chwarae efo pensil werdd a phensil goch.

'Batman a Robin ydyn nhw, Iols?' Ysgydwodd ei ben. Rhoddais gynnig arall arni.

'Pwy ydyn nhw 'ta, boi?'

'Mam a Dad,' meddai'n ddistaw. Gafaelais ynddo'n dynn, yn gymaint er mwyn cuddio'r dagrau yn fy llygaid â cheisio'i gysuro fo. Wyddwn i ddim beth i'w ddweud wrth y creadur bach. Yn ddiwedd-arach y noson honno pan oedd o yn ei wely, mi ddywedais i wrtho y byddai Bethan yn dod i aros ato fo am noson neu ddwy.

'Grêt! Cŵl!' meddai a'i fochau bach yn codi wrth i wên ledu ar draws ei wyneb brychlyd. 'Lle ti'n mynd 'ta, Mam?'

'I weld Nain, 'ngwas i. Dydy hi ddim yn teimlo'n sbesial.'

'Be sy'n bod ar Nain?'

'Dim byd mawr, 'sti,' meddwn innau'n gelwyddog. Ar hynny fe swatiodd i gysgu dan ei gwrlid Everton gan droi i wynebu'r wal, a gwelais fod ei wallt yn gudynnau gwlyb ar ei war. Agorais y ffenest er mwyn cael mymryn o awel. Sibrydais nos da a diffodd y golau.

'*Are we nearly there, Mum?*'

35

Torrodd llais yr hogyn bach gyferbyn ar draws y lleisiau cymysg yn fy mhen. Roedd ei fam wedi rhoi'r cylchgrawn o'r neilltu, ac yn casglu ei phethau ynghyd.

'*Yes, dear. Let's see who will be the first to spot Daddy.*'

Wrth edrych allan drwy'r ffenest, gwelwn ein bod yn nesáu at Gaerdydd, a haul y prynhawn yn mynnu disgleirio ar ffenestri pŵl hen fragdy. Er nad oedd gen i'r un awydd i symud yn ôl yno i fyw, byddwn bob amser yn teimlo rhyw lawenydd wrth ddychwelyd i'r brifddinas; llawenydd yn gymysg â chawl pys o emosiynau ac atgofion. Roeddwn wedi dianc o Gaerdydd i'r gogledd, yn bennaf er mwyn dianc o grafangau alcoholiaeth Mam, a'r straen emosiynol a osodai'r salwch hwnnw arnaf yn feunyddiol, ond ni lwyddodd y milltiroedd rhyngom i'm rhyddhau o gadwyni aflwydd Mam. Yn hytrach, creais batrwm caethiwus arall i mi fy hun. Credwn fod yn rhaid i mi, fel merch dda, ei ffonio bob bore, yn anad dim i weld a oedd hi'n dal yn fyw, sut stad oedd arni, a fyddai'n ddigon da i gyrraedd y gwaith, oedd hi'n bwriadu gyrru, ynteu oedd hi am gael tacsi, oedd hi eisiau i mi ffonio'r bòs i wneud esgusodion drosti . . . Yna bob nos fe ffoniwn drachefn i weld unwaith eto a oedd hi'n dal yn fyw, sut stad oedd arni, a gyrhaeddodd hi adre mewn un darn . . . Credwn mai drwy fy saernïo a fy swcro i y delid popeth ynghyd. Hyn a gadwai gwlwm edefyn tenau ein perthynas rhag datod yn llwyr. Doeddwn i ddim yn sylweddoli fy mod, o bosib, yn eironig ddigon, yn ymestyn blynyddoedd yfed Mam, a minnau ar yr un pryd yn disgyn i dwll tywyll anobaith. Disgyn, disgyn i dwll diwaelod.

'*Cardiff Central*,' meddai'r llais trwynol. Wrth ddisgyn o'r trên, daeth yr ofnau yn eu hôl unwaith eto. Beth fyddai'n fy wynebu? Deng munud arall ac fe gawn wybod.

Roedd y gyrrwr tacsi yn siaradus iawn a finnau'n gyndyn o dynnu sgwrs.

'*Where you from then, love?*'

'*Cardiff.*'

'*You're kiddin' me now, aren't you, love! You're not from Cediff. I knows a Cediff accent when I hears one!*'

Estynnais am y ffôn o'm bag er mwyn osgoi ei gwestiynau di-baid ac yn y gobaith o glywed llais Mam. Y peiriant ateb eto. *O Iesu bach, plîs gad iddi fod yn fyw!* meddai'r llais yn fy mhen. Trodd y tacsi am Lake Road West.

'*Where now?*' gofynnodd y gyrrwr yn ddiamynedd. Roedd o wedi hepgor y 'love' y tro hwn. Dangosais y tŷ iddo a rhoi papur pumpunt yn ei law.

'*Keep the change,*' meddwn i fel pe bawn i'n graig o bres. Aeth y tacsi gan fy ngadael fel delw diymadferth ofnus wrth giât Eiriannell. Edrychais ar Barc y Rhath. Roedd cymylau diwedd y prynhawn yn casglu'n amdo mwll uwchben y llyn, a finnau'n eu teimlo'n fy mygu, yn fy mygu'n araf bach fel y prynhawn du hwnnw ym 1973.

Pennod 3

Chysgais i fawr neithiwr. Roedd fy meddwl yn troi fel chwrligwgan, ac eto teimlwn elfen o ryddhad. Roedd hi'n dal yn fyw! Diolch byth!

'Iw-hw!' gelwais yn ffug sionc wrth ddod i'r tŷ brynhawn ddoe a'm stumog yn glymau tyn. Roedd y distawrwydd yn fyddarol, ar wahân i dipiadau'r hen gloc yn y parlwr.

'Mam?' gelwais eto'n betrus.

'Helô,' meddai'r llais cryg o'r llofft. Rhedais i fyny dair gris ar y tro ac anelu'n syth am y llofft gefn. Rhoddais fy mhen rownd y drws.

''Dach chi'n iawn?' Edrychodd arnaf o'i gwely drwy'r llygaid piblyd.

'Doedd dim raid i chdi ddod lawr, 'sti. Ydy Iolo efo chdi?' Roedd oglau anghyfarwydd yn ei llofft, a gwelais olion staeniau tywyll ar y carped pinc.

'Be ddigwyddodd yn fa'ma?'

Dim ateb.

'Pam na fasach chi'n atab y ffôn, Mam? Dwi wedi trio droeon.' Chefais i ddim ateb ganddi eto, dim ond gwên bathetig. Roeddwn am ohirio torri'r newydd iddi felly dyma gynnig mynd i nôl neges o'r siop. Chwifiodd ei llaw esgyrnog yn ddiamynedd.

'Fedra i ddim bwyta, Leusa. Dwi wedi cael rhyw fyg. Mae arna i ofn nad ydw i'n medru cyrraedd y lle chwech mewn pryd.'

Edrychais ar y carped eto. Roedd hyn yn fwy na mymryn o fyg. Cyn i mi fedru dweud mwy fe dorrodd ar draws fy meddyliau gan ddweud, 'Ty'd â fforti *Silk Cut* i mi.'

Cymerais oriadau ei char o ddrôr y ddreser yn y gegin gefn ac i ffwrdd â fi i'r siop. Dau funud oeddwn i wedi bod efo hi, ac eto roedd y daith i'r siop ac yn ôl yn seibiant derbyniol, yn rhoi cyfle i mi gael fy ngwynt ataf. O leiaf doedd gen i ddim cynhebrwng i'w drefnu. Dim eto, beth bynnag.

Wrth barcio'r car ger y bloc siopau, a luchiwyd at ei gilydd rywdro tua dechrau'r chwedegau, ac na fyddai fyth yn debygol o ennill gwobr bensaernïol, daeth llu o atgofion plentyndod yn ôl. Roedd pob un o'r siopau wedi newid dwylo a diwyg ers hynny. Roedd *Regency*, y siop gwallt yr âi Mam iddi'n ddeddfol am shampŵ a set bob bore Gwener, bellach yn *Cut Above*. Mi fyddwn i'n arfer cael eistedd ar stôl yn pasio'r *rollers* i Judith, ac yn teimlo'n sobor o bwysig. Edmygwn y modd y gallai Judith siarad bymtheg y dwsin a'r pinnau gwallt yn hongian o'i cheg. Tra byddai Mam o dan y sychwr yn darllen *Woman's Own*, mi fyddwn innau'n eistedd ar y teils du a gwyn yn cribo gwalltiau'r ddwy Sindy oedd gen i. Roeddwn i am gael siop trin gwallt ac ewinedd hirion pinc a sgert at fy nhin fath â Judith pan fyddwn i'n hogan fawr.

Roedd *Eve's*, y siop bapur, yn *Rowlands*, a *Manconi* yn *Londis*. Mae'n rhyfedd na fedrwn gofio enw'r offi. Efallai mai'r rheswm am hynny oedd na fûm i erioed i mewn yn y siop dywyll, ddirgel honno. *Thresher* oedd yr enw a winciai'n bryfoclyd uwchben y drws heddiw. Cofiwn fel y siarsiai Mam fi i aros y tu allan tra âi hi i mewn i 'orffan fy negas'. Roedd Hughes y bwtsiar wedi'i drawsnewid yn *Dewhurst*. Byddwn wrth fy modd yn llusgo fy nhroed drwy'r carped o flawd llif a orchuddiai lawr y siop yr adeg honno, a Mam yn fy nwrdio am ddifetha fy esgidiau gorau.

Roedd y ffarm lle y byddwn yn mynd law yn llaw â Mei i nôl llefrith yn y bore yn fflatiau o dan gysgod Western Avenue. Rhyfedd meddwl bod yna ffarm wedi bod o fewn tafliad carreg i'r tŷ; rhyfeddach fyth mai Cymry Cymraeg oedd yn byw yno. Chwalwyd y fferm er mwyn gwneud lle i'r ffordd newydd, a chofiwn y siom a deimlais yn yr ysgol pan fethais â chael fy newis gan y brifathrawes i fynd i weld y Cwîn yn ei hagor yn swyddogol. Amser chwarae rhedais at y rheilin a wahanai iard yr ysgol oddi wrth y cledrau dur a gludai'r tryciau trwmlwythog o'r cymoedd i'r ddinas. Gorffwysais fy ngên ar fy mrest a chrio'r glaw. Sgythrodd Mei ataf a'm dwrdio.

'Callia'r babi mam. Dwi'n gorfod mynd, a dwi'n mynd i boeri yn wynab yr ast pan bashith hi!'

Roedd clywed fy mrawd mawr yn siarad yn wyllt, mor groes i'w gymeriad addfwyn arferol, yn fy nychryn, a gwnaeth hynny i mi grio'n waeth. Gafaelodd amdana i'n dynn a sibrwd yn fy nghlust, ''Na fo, Leusa. 'Na fo. Chums?''

'Chu . . . chu . . . chums . . .' meddwn innau drwy fy nagrau.

Caeais ddrws car Mam a cherdded yn ofalus ar draws y pafin i gyfeiriad *Londis* gan ofalu peidio

40

troedio ar draws y craciau. Roedd rhoi troed ar un o'r craciau yn golygu marwolaeth enbyd, yn ôl Mei, ac fe ddaeth o i brofi hynny'n ddigon buan, ond nid ar y craciau . . .

Gwnes fy neges gan brynu'r sigaréts i Mam a minnau. Chwe deg ceiniog y paced oedden nhw pan fyddai Mei a minnau'n cael ein hel i lawr i *Eve's* gan Mam, a châi'r ddau ohonon ni ddwy geiniog i brynu dau flacjac yr un am ein trafferth. Erbyn cyrraedd yn ôl i'r tŷ byddai ein cegau'n ddu a darnau o'r fferins yn dal i lynu yn y dannedd ôl.

Wedi cyrraedd yn ôl i Eiriannell, es i'r gegin i wneud diod o lemonêd a darn o dost a haen denau o farmalêd arno. Wfftiodd Mam at y tost, cynnau sigarét a chymryd llymaid dryw bach o'r lemonêd. Cynigiais ei helpu i godi. Eglurodd ei bod wedi gwneud rhywbeth i'w chefn ac na fedrai symud.

'Dyna pam dwi'n cael trafferth i gyrraedd y lle chwech mewn pryd, yli. Mae arna i ofn fod 'na dipyn o lanast yn y bathrwm,' meddai, fel hogan fach wedi cael ei dal yn gwneud drygau.

Bu distawrwydd am gyfnod, yna bu'n fy holi am fy nhaith i lawr gan fy sicrhau nad oedd yn rhaid i mi fod wedi gwneud yr ymdrech er ei mwyn hi, er mor falch oedd hi o'm gweld i. Mynnai wybod am faint roeddwn i'n bwriadu aros. Cymerais anadl ddofn.

'Mi arhosa i heno a nos fory. Dwi'n poeni amdanach chi, Mam. Fe ffoniais i Dr Morris ddoe. Mae o'n dod yma i'ch gweld chi bore fory.'

Ymatebodd hi yn ôl y disgwyl. Edrychodd arnaf yn anghrediniol a cheisio codi ar ei heistedd er mwyn gwrthbrofi ei llesgedd cyn poeri'r geiriau, 'Damia chdi! Damia chdi!'

Ffrwydrodd rhywbeth ynof wrth geisio torri drwy ei chyndynrwydd.

'Be 'di hyn, *death wish*, 'ta be, Mam?'

Rhoddodd wên wan i mi. Dwi wedi bod yn ceisio dehongli'r wên yna byth ers hynny. Ai cydnabod ei bod yn rhoi'r gorau i fyw oedd hi, ynteu ceisio fy nghysuro yn fy rhwystredigaeth? Bu'r ddwy ohonom yn fud, y cariad a'r casineb rhyngom yn hualau rhag siarad yn rhydd. Byddai wedi bod yn haws rhesymu â dynes hollol ddiarth. Wedi meddwl, roedd yna ddieithrwch enbyd rhyngom ar brydiau, yn enwedig yn ystod y blynyddoedd diwethaf. Peth rhyfedd a ninnau mor frawychus o debyg.

'Dwi'n meddwl bod clefyd siwgr arnoch chi, Mam,' meddwn, er mwyn torri ar y tawelwch affwysol. Daeth gobaith i'w llygaid llonydd. Dyna ddechrau'r twyll eto. Roedd y ddwy ohonom wedi cael blynyddoedd o brofiad yn chwarae'r gêm honno. Ni fu mwy o sôn am ymweliad y meddyg, ar wahân i un cwestiwn ganddi yn gofyn pa bryd yr oedd yn dod draw.

'Rhywdro ganol bore fory,' meddwn innau mor ddi-hid ag y gallwn. Ddywedais i ddim ei fod yn dod draw ben bore. Doeddwn i ddim am iddi gael y cyfle i'w gwneud ei hun yn ddel cyn iddo gyrraedd. Dyma'r llygedyn olaf o obaith gwella iddi. Yn raddol fe drodd y sgwrs herciog at bethau dibwys bob dydd. Roedd yn haws dygymod â mân siarad na thrafod yr hyn oedd o'r pwys mwyaf.

Er imi lanhau'r bathrwm cyn mynd i'r gwely, roedd yr oglau'n gyfoglyd yno o hyd pan oeddwn yn 'molchi bore drannoeth. Es i lawr i'r gegin gefn ar flaenau fy nhraed a bu bron i mi gael gwasgfa pan welais Mam yn eistedd yn dalog yn ei chadair freichiau, ei gwallt wedi ei gribo'n dwt a cholur yn dew ar ei hwyneb.

'Mam! Sut ar y ddaear y llwyddoch chi i godi o'ch gwely, heb sôn am wisgo a dod lawr grisia?'

'Leusa fach, dwi lot gwell bora 'ma. Dwi'm yr un un.'

Roedd hi'n mynnu gwadu ei salwch, ond doedd modfeddi o golur ddim yn cuddio melyn y croen a'r llygaid. Roedd gen i ofn gwirioneddol na fyddai'r meddyg yn credu'r hyn a ddywedais wrtho dros y ffôn. A fyddai'n meddwl fy mod yn gorymateb? Roeddwn hyd yn oed yn dechrau f'amau fy hun. Oeddwn i'n gorliwio'i chyflwr? Dyma ailddechrau'r broses o amau, gwadu a gobeithio fod popeth yn iawn. Ond o edrych arni, mor eiddil a diymgeledd, gwyddwn nad oedd angen arbenigwr i roi diagnosis iddi. Daeth y meddyg yn brydlon am wyth, ac o fewn ychydig dros awr roedd ambiwlans y tu allan i'r tŷ.

Teimlwn yn fychan bach fel y tro diwethaf i mi sefyll y tu allan i'r giât yma yn rhythu'n syfrdan i grombil ambiwlans. Mi *roeddwn* i'n fychan y tro hwnnw ac yn cael fy nychryn gan sgrech annaearol.

'Mei! Meeeeeiiii!' Gwaedd orffwyll o enau merch fach naw mlwydd oed oedd yn trio deffro ei brawd o farw'n fyw. Fi oedd y ferch fach honno. Ond y tro hwn nid cario corff oedd yr ambiwlans, ond Mam. Roedd hi'n fyw! Roedd hi'n fyw, ac roedd hi ar ei ffordd i gael gwellhad.

O'r diwedd, ar ôl cael lle i barcio, dyma redeg drwy goridorau Ysbyty'r Waun i fyny i'r pedwerydd llawr a bag dillad nos Mam, ynghyd â'm holl obeithion, o dan fy nghesail. Roedd Mam yn garcharor diamddiffyn yn eistedd mewn cadair olwyn fel pryfyn bach wedi'i ddal yn y gwe o ddoctoriaid oedd yn ei hamgylchynu. Aeth y doctoriaid allan yn un rhes filitaraidd gan fy ngadael i a Mam yng nghwmni'r pen bandit. Bu bron i mi gael gwasgfa pan sylweddolais fy mod yn ei adnabod. Roedd wedi newid dipyn. Y tro diwethaf i mi ei weld roedd o'n hanner fy mwyta dan fwrdd yn y Top Rank adeg penwythnos rygbi, a Jarman a'r Cynganeddwyr yn atseinio dros y lle. Un ar bymtheg oeddwn i'r adeg honno, ac yntau tua pump ar hugain oed. Un ffling penwythnos rygbi oedd hi. Os dwi'n cofio'n iawn roedd ganddo fo geg fel twnnel, a'r adeg honno roedd ganddo fo wallt. Chymerodd o ddim arno ei fod yn fy adnabod nac yn fy nghofio, er iddo edrych arna i fymryn yn hirach na'r disgwyl cyn troi at Mam.

'Ers faint fasach chi'n deud fod gennych chi broblem yfed, Mrs Roberts?' gofynnodd, gan syllu ym myw ei llygaid.

'Deng mlynedd,' meddai Mam heb betruso dim. Rhythais arni'n gegagored. Dim gwadu, dim gweiddi, dim sterics. Roeddwn i'n dal i ryfeddu ei bod wedi cydnabod fod ganddi broblem pan drodd yr arbenigwr ataf fi gan ofyn, 'Ydy hynna'n gywir?'

Cymerais anadl ddofn. Gallwn weld y llygaid melyn yn ymbil arnaf i'w chefnogi. Y cyfle olaf, meddwn wrthyf fy hun – y cyfle olaf. Roedd fy nghalon yn gwaedu drosti, ond rhaid oedd ymwroli; doedd celu'r gwir ddim yn mynd i'w helpu.

'Mae'n nes at ugain mlynedd,' sibrydais, gan sbio ar fy nhraed.

'Pwy ydy'r prif weinidog?'

Edrychodd Mam a finnau'n hurt arno. Roeddwn ar fin dweud wrtho mai alcoholig oedd Mam nid ynfytyn, pan atebodd hi mewn llais cadarn:

'Tony Blair, gwaetha'r modd.'

Gwenodd y tri ohonom.

'Pa ddiwrnod ydy hi heddiw, Mrs Roberts?'

'Dydd Llun.'

'A'r dyddiad?'

'Does gen i ddim syniad. Mae hi'n fis Awst. Mae wythnos Steddfod wedi bod, yn y Bala roedd hi, ond mwy na hynny fedra i ddim dweud. Dwi wedi bod yn fy ngwely efo'r byg 'ma ers pythefnos.'

Gofynnodd rai cwestiynau rhyfedd eraill a dweud y byddai'n rhaid gwneud amryw o brofion.

'Am faint fydd Mam yma?' mentrais ofyn, gan frathu fy ngwefus.

'Pythefnos i dair wythnos.'

'O Dduw mawr!' ochneidiodd Mam.

'Os yfwch chi ddropyn arall o alcohol fydd 'na ddim y gallwn ni ei wneud. Rydach chi'n ddifrifol wael. Ydach chi'n deall, Mrs Roberts?'

45

Dim ateb.

'Ydach chi'n deall?'

'Ydw,' meddai'r llais bychan bach. Roedd hi wedi ei llorio'n llwyr. Roedd fy ngreddf yn dweud wrthyf am ei chofleidio a'i chysuro, ond yn ôl fy arfer fe ymateliais. Gadawodd yr arbenigwr heb yngan yr un gair arall.

Eisteddodd y ddwy ohonom mewn distawrwydd anesmwyth am rai munudau. Edrychais ar y sgerbwd crwm wrth fy ymyl. Er ei breuder roedd herfeiddiwch ei llygaid yn ddigon i'm dychryn. Gwenais yn ymddiheurol arni. Syllodd drwof fel petawn i'n rhith.

'Gewch chi help yn fa'ma, Mam,' mentrais yn betrus.

'Pwy ddudodd 'mod i isio help?'

Roedd y mur rhyngom mor solat ag erioed. Daeth casgan dew o nyrs i mewn a bustachu i wthio'r gadair olwyn yn ddiamynedd drwy'r drws. Edrychodd arnaf dros ei sbectol drwchus yn llawn tosturi nawddoglyd. Doeddwn i ddim eisiau ei chydymdeimlad hi.

We'll take your mother to the ward now, dear.

Edrychais yn syn arni. Pam na siaradodd hi'n uniongyrchol â Mam? Nid â fi oedd angen siarad. Nid gwahanglwyf oedd Mam, ond gwraig falch, ddeallus oedd yn haeddu parch. Mynnai'r geiriau *Be dwi 'di neud?* bwnio fel gordd yn fy mhen yn ddidrugaredd. *Be dwi 'di neud? Be dwi 'di neud? O Mam bach, be dwi 'di neud?* Cynigiodd nyrs arall – tua'r un oed â fi, a llawer cleniach – helpu Mam i newid i'w choban.

'*I'll do it myself, thank you*,' meddai Mam yn gwrtais. Gwthiais hi at yr ystafell molchi wrth ddrws y ward.

'Ga i'ch helpu chi, Mam?' gofynnais. Ysgydwodd ei phen cyn ceisio codi o'r gadair. Gallwn weld ei bod mewn poen, ond feiddiwn i ddim tolcio mwy ar ei balchder bregus. Er mwyn iddi gadw rhywfaint o'i hurddas roedd yn rhaid gadael iddi wneud hyn ei hun. Gafaelodd yn ffrâm y drws a gogrwn mynd fel geisha, un cam bach ingol ar ôl y llall.

Bûm yn sefyll yn nerfus y tu allan i'r drws am oes yn disgwyl iddi newid. Cydiwn yn handlenni'r gadair fel petaen nhw'n ddau wn, yn barod am ymosodiad. Sylwais ar fy migyrnau gwynion. Llaciais fy ngafael a gweld bod fy nwylo'n crynu. Rhwbiais nhw yn erbyn fy nhrowsus er mwyn sychu'r chwys. Ymhen hir a hwyr clywais siffrwd y traed bychan yn dod at y drws. Gwasgais fy nwylo am handlenni'r gadair eto cyn ymarfer gwên ar ei chyfer. Daeth allan a'i choban wen yn hongian amdani fel lliain ar lein ddillad. Taflodd ei dillad ar y gadair a cherdded yn llafurus tuag at y gwely a baratowyd ar ei chyfer.

''Sach chi'n licio i mi ffonio Anti Non, Mam?'

'I be?' meddai hithau'n swta, heb edrych arnaf.

'Mi fydd hi'n poeni amdanach chi.'

'Mi fydda i'n iawn. Dwi'm isio gweld neb, wyt ti'n dallt? Neb.'

Cerddais yn ôl at y car yn ddynes flynyddoedd yn hŷn na'r ferch dair ar ddeg ar hugain oed a redasai ar hyd yr un llwybr awr neu ddwy ynghynt.

47

Yn awr, deuai pobl i'm cyfarfod fel eneidiau annelwig gan gymaint fy nagrau. Roeddwn yn lobsgows o emosiynau nad adwaenwn. Tristwch. Rhyddhad. Llawenydd. Cywilydd. Gobaith. Ofn, ie ac ofn gwirioneddol. Dyna un emosiwn yr oeddwn yn hen gyfarwydd ag o. Ofn beth neu bwy, wyddwn i ddim. Yr unig beth oedd yn sicr yn fy myd bach dryslyd y funud honno oedd bod arnaf ofn. Ofn. Ofn. Ofn.

Fedrwn i ddim mynd i Gaerdydd heb ymweld â Marks and Spencer yng Nghroes Cwrlwys. Roeddwn i'n haeddu ychydig o 'retail therapy' fel y byddai Bethan yn ei ddweud. Roedd hi'n drydydd diwrnod Mam yn yr ysbyty, a finna'n ysu am weld Iolo, ond fedrwn i ddim gadael Mam eto. Yn ôl y galwadau ffôn fe swniai'n fodlon ei fyd gyda Bethan, a theimlwn ychydig yn siomedig nad oedd arlliw o hiraeth yn ei lais pan siaradai â mi. Er na soniai Mam am ei hafiechyd, roeddwn i'n falch ei bod wedi dechrau magu blas ar y sudd Guava a brynais iddi ar ei diwrnod cyntaf yn yr ysbyty. Gwthiais y troli gwag drwy'r siop heb gael yr hwyl arferol ar y siopa.

'Leusa! Wel! Wel! Sut ydach chi, 'mach i?'

Anti Non oedd yno yn gwenu'n frawychus arnaf a'i minlliw pinc yn staenio'i dannedd melyn. Fedrwn i ddim peidio â rhythu ar y dannedd melyn. Melyn, melyn fel llygaid Mam.

'Be 'dach chi'n da yng Nghaerdydd? Ydy'r hogyn bach efo chi? A sut mae Paul?'

Lle roedd dechrau? Oeddwn i am ddweud y gwir, fy mod yng Nghaerdydd yn ceisio achub bywyd diflas fy mam alcoholig, a na, doedd fy hogyn bach – Iolo ydy ei enw fo, gyda llaw – ddim efo fi am fod gen i ormod o gywilydd iddo fo weld ei nain, ac mae Paul yn iawn, dwi'n meddwl; mae o'n ffwcio blondan ifanc o'r enw Mari ar y funud . . .? Ond na, yr hyn a ddaeth o'm ceg sych oedd, 'Helô, Anti Non, sut 'dach chi? Fuoch chi yn y Steddfod?'

'Steddfod? Wel do, siŵr. Wyddoch chi, Leusa, dwi ddim wedi colli'r un Steddfod ers yr un gynta i mi fynd iddi yn Ystradgynlais yn un naw pump pedwar. Na, dwi'n deud clwydda, mi gollish i Steddfod Llandudno yn un naw chwech dau – na, chwech tri oedd Llandudno, yndê; yn y gogledd fasa hi yn chwe deg tri . . . Roedd Yncl Huw a finna yn diodda o'r ffliw'r wsos honno . . . Wel, am wsos i gael y ffliw, yntê . . . A sut mae'ch mam? Roedd hi'n chwith mawr hebddi 'leni. Dwi 'di trio ffonio, ond heb fawr o lwc. Mi gafodd hi hen fyg cas, yndo. Sut mae hi erbyn hyn, Leusa?'

Roedd gen i ddewis: dweud y gwir neu ddweud celwydd. Roedd Mam wedi dweud nad oedd am weld neb, gan gynnwys Anti Non, un o'i ffrindiau mynwesol. Yn ôl fy arfer, es am y dewis hawdd.

'Mi gymrith amser i ddod dros y byg. Mae hi isio amser iddi hi ei hun. Mi ffonia i chi pan fydd hi'n barod i weld pobl.'

Edrychodd Anti Non arnaf yn chwilfrydig, cyn dweud,

'O, dyna chi. Chi ŵyr orau.'

Gadewais hi yno wrth y bras a'r nics i ymbalfalu drwy ei hamheuon. Faint wyddai hi am ei ffrind gorau go iawn? Pa mor agos oedden nhw mewn gwirionedd? A oedd ganddi'r syniad lleiaf am artaith unig cywilydd fy mam? Byddai'n llawer haws pe bai'n dioddef o ganser. Er mor erchyll fyddai hynny, o leiaf doedd yr un stigma ddim yn perthyn i ganser. Doedd neb yn dewis cael canser. Ym marn rhai fel Anti Non, pobl wan, ddi-asgwrn-cefn, heb ddim grym ewyllys oedd yn troi at y botel. Doedd dim cydymdeimlad diffuant at alcoholics – a wyddwn i fy hunan, chwaith, faint o gydymdeimlad oedd gen innau.

Gwyddwn wrth giwio wrth y cownter fod yn rhaid i mi gael rhannu fy maich â rhywun. Ond â phwy? Telais am garton o sudd Guava cyn troi yn wargrwm i gyfeiriad y maes parcio. Roedd gen i ofn codi fy mhen rhag i mi gyfarfod â wyneb cyfarwydd arall. Fy mwriad oedd mynd ar fy union yn ôl i'r ysbyty, ond trodd trwyn y car am Bontcanna, i Plasturton Avenue ac at dŷ fy ewythr Eurwyn.

Roedd blynyddoedd maith ers i mi fod yno. Edrychais ar y tŷ teras hardd a'i ddrws bwa. Eisteddais yn y car am rai munudau yn synfyfyrio. Roedd hanes i'r tai yma; hen dai solat a rhyw urddas tawel yn perthyn iddynt. Pa gyfrinachau oedd yn llechu rhwng trawstiau'r cartrefi hyn? A fu'r adeiladau'n dystion i boen meddwl ac ing eu tenantiaid? Pwy ŵyr pa wirioneddau a dioddefiannau a guddir y tu ôl i ddrysau cartrefi clyd? A beth am Yncl Eurwyn? Beth oedd ei hanes ef bellach? Ei hanes go iawn, nid ei hanes cyhoeddus. Fe wyddai pawb am Eurwyn James. Gŵr llwyddiannus ym myd gweinyddol darlledu Cymraeg. Ond pwy oedd yn adnabod yr Eurwyn preifat? Toeddwn i ddim, ddim mwy nag yr oeddwn i'n fy adnabod fy hun. Roedd dros ddeng mlynedd ers i mi ei weld, a hynny mewn sefyllfa gyhoeddus – fy mhriodas i â Paul. Siaredais i ddim ag ef y diwrnod hwnnw, er mai fi berswadiodd Mam i'w wahodd o a Meinir. Wedi meddwl, doedd gen i ddim cof o gael sgwrs iawn â neb ar ddiwrnod fy mhriodas. Y cyfan wnes i y diwrnod digwmwl hwnnw o Fehefin oedd edrych yn addolgar, awchus ar fy mhriod newydd, yn ogystal â thaflu cipolwg brysiog ar gynnwys gwydr Mam yn achlysurol. Yfais innau fy siâr y prynhawn hwnnw cyn llusgo Paul i'r llofft i'w safnio'n dwll.

'O, Leus! Ti'n blydi grêt!' meddai wrth ddisgyn yn ôl ar y gwely yn un swp gwlyb ymlaciedig.

'Eto, Paul! Eto!' sibrydais ar ôl deffro o'm cyntun meddwol cynnes braf.

'Blydi hel, Leus! Lle ti'n cael yr egni, d'wad? Mae gennon ni weddill ein bywyda efo'n gilydd, 'sti; dwi'm yn mynd o 'ma. Ti a fi, Leus. Am byth. Ti a fi yn erbyn y byd.'

Gwenais arno. Er iddo smalio protest, a dweud y dylem fod lawr yn cymdeithasu â'r gwesteion, roedd gen i Paul yng nghledr fy llaw y funud honno, yn llythrennol felly. Claddodd ei ben yn rhigol cynnes fy mronnau cyn ei roi ei hun yn gyfan gwbl i mi'r eildro y prynhawn hwnnw.

'Ti a fi, Leus. Am byth. Ti a fi yn erbyn y byd.'

Clep! Torrwyd ar draws fy atgofion gan sŵn drws y tŷ yn cau. Gwelais ferch ifanc yn dod drwy'r bwlch rhwng y ddwy wal fach gerrig. Adwaenais hi'n syth. Roedden ni'n debyg; yr un lliw gwallt golau, ond bod un Meinir wedi ei dorri'n fyr; yr un lliw llygaid brown, ond bod ei rhai hi heb arlliw o'r ofn a ormesai fy rhai i. Cerddai'n ddibryder â hyder afieithus merch ifanc a wyddai ei bod yn dlws. Bûm innau yn ddibryder, hyderus, a hyd yn oed yn dlws unwaith. Cododd yr hen deimladau cyfarwydd o genfigen fel crachen hyll i'r wyneb. Roeddwn i'n eiddigeddus o bawb o'm cwmpas, chwyddai'r teimladau hynny fy ansicrwydd, fy nghred nad oeddwn i ddim digon da. Ddim digon da fel mam, fel gwraig, ac yn sicr ddim fel merch i Mam. Roedd yr eiddigedd yma'n cnoi y tu mewn i mi, yn fy ngwthio fymryn dyfnach bob tro i dwll mawr du, diderfyn.

Edrychais yn y drych a gweld adlewyrchiad fy nghyfnither ddieithr yn brasgamu'n eofn i gyfeiriad Heol y Gadeirlan. Trois y drych ataf a sbio ar fy wyneb. Tynnais y sbectol haul a gweld nad oedd angen bod mor llawdrwm efo fi fy hun. Gallwn dwyllo pobl o hyd. Doedd dim llawer o ôl rhychau eto, er i mi wisgo gwg ar fy wyneb ers misoedd. Gwenais ar yr wyneb yn y drych, ac er y gwyddwn nad oedd hi'n wên ddidwyll, ni fyddai neb arall yn gwybod y gwir. Roeddwn i wastad wedi llwyddo i guddio fy nheimladau, smalio nad oedd gen i ots am ddim byd, er fy mod yn gleisiau byw y tu mewn. Pwy fedrai ddyfalu rhyferthwy'r storm oedd yn cyniwair o'm mewn? Pwy fedrai weld y tu hwnt i arauledd y masg a syllai'n ddwys arnaf o'r drych?

'Be ti'n da yma, Leusa? Mae'n dda dy weld di,' meddai fy ewythr heb arlliw o frwdfrydedd yn ei lais. Dilynais ef drwy'r cyntedd, a'r teils lliwgar dan draed yn clecian eu hoerni'n gyfeiliant i'r glasgroeso a gefais ganddo. Cyfeiriodd fi at un o'r cadeiriau mawr hufen yn y parlwr di-liw. Er mor berffaith oedd yr ystafell, nid oedd dim yn gyffyrddus nac yn gynnes amdani. Teimlwn fel pe bawn mewn cyfweliad, a gwyddwn yr eiliad honno wrth edrych i fyny ar fy ewythr yn sefyll o'm blaen mai camgymeriad oedd mynd yno.

'Wel, dyma be ydi syrpreis. Rwyt ti newydd golli Meinir. Mae wedi picio i Howells i brynu dillad nofio. Mae hi'n mynd i'r Canaries fory. Biti. Mi fasa 'di bod yn neis i chi gael gweld eich gilydd . . . Sut mae Paul, a be ydy enw'r hogan fach sy gen ti?'

'Hogyn bach. Iolo. Mae o'n saith rŵan.'

'Taw! Saith! Tydy'r blynyddoedd 'ma'n fflio. A sut mae Paul?'

'Iawn, am wn i. Rydan ni wedi gwahanu.'

'Ydach chi? Wel, wel! Wyddwn i ddim. Ddudodd dy fam ddim byd.'

Bu saib am ennyd. Syllais arno heb ddim cywilydd. Gwyddwn fy mod yn ei anesmwytho. Eisteddodd gyferbyn â mi gan dynnu ei law drwy ei wallt brith am y pedwerydd tro ers i mi eistedd.

'Pryd welsoch chi Mam ddwytha?'

Ochneidiodd yn ddwfn.

'Www! Pryd oedd hi, d'wad? Mae hi wedi bod yn flwyddyn brysur iawn arna i 'leni; 'dan ni'n paratoi at y digidol, 'sti. Mae 'na dipyn o gecru rhwng y cwmnïau annibynnol, fel y gelli di ddisgwl . . .'

'A Mam? Pryd welsoch chi hi ddwytha?'

Bu'n stwnsian ac yn tindroi am hydoedd cyn i mi gael gwybod ganddo fod tua pedair blynedd wedi pasio ers iddo fod draw i'w gweld.

'Pedair blynedd!' meddwn innau gan ffugio syndod.

'Peth rhyfadd. Mae hynna'n amser hir i frawd a

chwaer sy'n byw yn yr un ddinas i beidio ymweld â'i gilydd.'

'Gwranda, Leusa, mae dy fam a finna wedi ymbellhau. Fel 'na mae hi weithia rhwng teuluoedd. Mae hi'n stori hir.'

'Mae gen i ddigon o amser.'

'Wel mae'n ddrwg gen i ond does gen i ddim. Yli, dwi ddim isio dy hel di o'ma, ond dwi fod yn Llanisien cyn diwedd y prynhawn.'

'Pam 'dach chi wedi ymbellhau?'

Daeth y cwestiwn fel bwled o'm genau. Edrychodd Yncl Eurwyn arnaf am oes cyn gwenu. Ia, gwenu! Beth oedd yn ddoniol am frawd a chwaer yn 'ymbellhau'? Chwarddodd yn nerfus. Rhoddais gynnig arall arni.

'Ylwch, 'swn i'n licio gwbod. Mae Mam yn gyndyn iawn o sôn am y peth.'

'Dwyt ti ddim wedi newid dim, Leusa. Un felly oeddet ti'n blentyn; holi a holi perfedd rhywun nes ein blino ni i gyd. Fedrai dy dad ddim gwneud pen na chynffon ohonat ti . . .'

Gwyddai'n iawn iddo daro'r man gwan. Clytwaith blêr o atgofion am Dad yn dod yn ôl fel tonnau'r môr, yn dod ataf ac yn cilio cyn i mi gael gafael iawn arnynt. Edrychodd y ddau ohonom ar ein gilydd am ennyd. Wyddwn i ddim beth welodd o yn fy llygaid, ond credais iddo dosturio wrthyf am eiliad.

'Mae'n ddrwg gen i, Leus. Roedd dy dad yn meddwl y byd ohonat ti a . . .'

Gwthiodd ei ddwy law drwy'r gwallt y tro hwn, a gwyddwn ei fod ar fin sôn am Meilir. Meilir a fu'n gannwyll llygad fy nhad, yn ôl y sôn. Dwi ddim yn cofio pwy soniodd wrthyf. Nid Mam. Fyddai hi byth yn siarad am yr un o'r ddau, ac yn enwedig ddim am Dad. Dwi'n cofio nemor ddim am farwolaeth Dad, dim ond gwybod o'r dyddiad ar y garreg fedd iddo farw o fewn blwyddyn i Mei. Er holi a stilio Mam, chefais i erioed wybod yr hanes, dim ond ei fod wedi marw o waedlif ar yr ymennydd yn ddeugain oed.

'Pam na chafodd Dad ei gladdu efo Mei?'

Pam gofyn hynny, wyddwn i ddim. Ofynnais i i neb erioed o'r blaen. Am ryw reswm roedd yn gwestiwn hollbwysig yn sydyn iawn. Roedd y darlun ymhell o fod yn gyflawn; roedd fel ceisio gwneud synnwyr o jigso a'r rhan fwyaf o'r darnau ar goll.

Edrychodd Yncl Eurwyn arnaf drwy'r llygaid lliw llechen gan ddweud, 'Gofyn i dy fam.'

'Mae Mam yn gwrthod siarad am Dad. Ylwch, dwi ddim isio gwastraffu'ch amser chi. Sa'n ofnadwy tasach chi'n hwyr yn cyrraedd Llanisien. Wedi dod yma i ddeud 'thach chi fod Mam yn wael iawn yn yr ysbyty dwi.'

Wyddwn i ddim pa ymateb roeddwn i'n ei ddisgwyl, ond y cyfan ddudodd y bwbach oedd 'O!' yn greulon o ddi-hid. Codais a diolch am y baned na chefais.

*   *   *

Cymerais baned gan Michael, yr hogyn ifanc rhadlon a weinai'r te ar y ward. Gwrthododd Mam, er i Michael daeru mai ganddo fo oedd y baned orau yng Nghaerdydd. Gwenodd Mam arno a sipian ei sudd Guava gan gymryd arni ei bod yn ei fwynhau.

'Lle buost ti cyhyd?' gofynnodd yn gyhuddgar heb edrych arnaf, wedi i Michael roi'r gorau i'w gellwair blinderus. Ddywedais i ddim i mi fod yn gweld ei brawd, ond soniais i mi gael fy mwydro'n lân gan Anti Non yn Marks.

'Ddudis di 'mod i yma?' gofynnodd a phanig yn ei llais. Tawelais ei hofnau.

'Naddo. Dim ond dweud eich bod angen llonydd, ac y basech chi'n cysylltu â hi pan fasech chi'n barod i weld pobl.'

Ddywedodd yr un ohonon ni ddim byd wedyn, dim ond edrych ar y trueiniaid o'n cwmpas a gwrando ar anadl wichlyd y bladras yn y gwely drws nesa yn torri ar ein distawrwydd chwithig.

'Does dim rhaid i chdi aros yma, 'sti,' meddai Mam ar ôl sbel.

'Dwi isio bod efo chi,' meddwn innau, gan ymbil yn fud arni am faddeuant am ei rhoi hi yno. Distawrwydd eto. Aeth munudau heibio a'r ddwy ohonom yn edrych o'n cwmpas ar y fflyd o bobl oedd yn dod i ymweld â'u perthnasau. Roedden nhw fel petaen nhw'n dod i ffair sborion, yn dangos diddordeb a chefnogaeth am ychydig, cyn gadael y nwyddau i hel llwch unwaith eto. Roedd y ward yn fyw gan leisiau ond roedd Mam a fi yn fud. Daeth y nyrs glên at Mam i gymryd ei gwres, a dweud wrthi y byddai'n cael colposgopi y bore canlynol. Bydden nhw hefyd yn cael canlyniadau rhai o'r profion a wnaed yn ystod y diwrnod hwnnw. Gofynnais i'r nyrs am gefn Mam. Tasan nhw'n gallu mendio'i chefn, o leia fyddai hi ddim mewn poen wedyn. Eglurodd y byddai'n cael pelydr X un o'r dyddiau nesaf. Gwenodd Mam arni a diolch yn gwrtais. Gadawodd y nyrs y ddwy ohonom a chiliodd y wên oddi ar wyneb Mam. Ni fu llawer o sgwrs wedyn, y ddwy ohonom yn eistedd yno fel mudanod drylliedig.

Codais toc wedi naw i wynebu'r llanast a grëwyd gen i yn ystod y tridiau y bûm yn Eiriannell. Bocsys, pentyrrau o albymau lluniau a llythyrau yn gawod flêr ar hyd llawr y gegin gefn. Byddai Mam yn gwaredu o weld y ffasiwn flerwch a hithau mor boenus o daclus. Lle i bob dim, a phopeth yn ei le. Roedd ôl ei llafur ar ddolenni pres y ddreser, a'r rheiny'n wincio'n haerllug arnaf yn haul y bore a hidlai'n gynnes drwy'r bleinds. Y ddreser a anwesai'r poteli gwirodydd yn ei chrombil, ac a gadwai gyfrinachau rif y gwlith. Y cyfrinachau hynny yr oeddwn ar dân am gael eu rhannu. Roedd yn rhaid i mi gael gwybod er mwyn i mi fedru fy adnabod fy hun, heb sôn am ddeall meddwl cythryblus Mam. Efallai pe bai'r darlun yn gyflawn y byddwn yn gwybod i ba gyfeiriad yr oeddwn i'n mynd ac o lle roeddwn i wedi dod. Tan hynny byddai'n rhaid i mi aros ar y trên ffigwr wyth diddiwedd yma yn ysu am gael aros yn llonydd i gymryd stoc, ac i gael ailgychwyn byw.

Estynnais am un arall o'r albymau. Lluniau du a gwyn wedi dechrau melynu o gwpl ifanc mewn cariad, a'r byd yn cynnig popeth iddyn nhw. Mam a Dad. Anodd meddwl am Mam yn ifanc bellach. Roedd hi'n hardd, yn eithriadol hardd. Hawdd gweld sut y byddai gŵr ifanc golygus wedi mopio â hi. Roedd ei gwallt yn ffrâm o donnau am ei hwyneb llyfn a'r gwefusau llawnion. Roedd un llun ohonynt ynghanol prysurdeb Llundain, wrth arwydd y tiwb yn Sgwâr Trafalgar. Cydiai fy nhad ynddi fel pe bai hi'r trysor mwyaf gwerthfawr. Pwy dynnodd y llun, tybed? Pam oedden nhw yn Llundain? Pa flwyddyn oedd hi? O edrych ar gôt gamel Mam a gofleidiai ei gwast fechan, a'r gôt law *à la* Columbo oedd gan Dad, gellid dyfalu ei bod tua diwedd y pumdegau. Mae'n rhaid bod y llun wedi cael ei dynnu flwyddyn neu ddwy cyn iddyn nhw briodi.

Creffais ar lun arall, llun glan môr y tro hwn. Roedd rhywun arall yn y llun gyda Mam a Dad. Roedd Mam yn y canol, Dad ar un fraich ac Yncl Eurwyn ar y llall. Doedd o heb newid fawr, dim ond steil ei wallt, a hwnnw bellach wedi britho. Edrychai'r tri mor hapus, yn ffrindiau mynwesol. Beth ddigwyddodd? Beth darfodd ar eu cyfeill-garwch?

Deuthum ar draws llun ysgol ddiwedd y chwedegau neu ddechrau'r saithdegau. Roeddem ni'r disgyblion i gyd yno mewn rhesi ar fuarth yr ysgol, a'r brifathrawes a'i staff yn eistedd yn ein mysg. Roedd briciau cochion ysgol Bryntaf yn gefndir inni. Yr hyn na fedrid ei weld yn y llun hwn oedd yr ysgol arall gyferbyn â'n hysgol ni. Fe rannai Bryntaf y buarth chwarae ag ysgol i'r Cymry di-Gymraeg, neu yr 'Inglis' fel y galwem ni nhw. Y 'Welshies' oedd eu henw nhw arnom ni – ymysg llawer o rai eraill. Gwnaed yn siŵr nad oedd amseroedd chwarae'r ddwy ysgol yn cyd-fynd er mwyn osgoi helyntion. Ysywaeth, nid y plant oedd y broblem ond y mamau. Pan ddechreuais i yn yr ysgol fe âi'r bws â ni'r plant i lawr drwy stad dai cyngor Mynachdy yn Gabalfa i lawr at giatiau haearn yr ysgol. Cyn bo hir, bu protest gan drigolion y tai gerllaw. Protestio roedden nhw fod y bysiau'n teithio ar hyd eu stryd nhw, ond gwyddai Mei a fi, yn ôl y sgwrs rownd y bwrdd bwyd fin nos, y credai'r rhieni mai protest oedd hon yn erbyn addysg Gymraeg. Mamau Mynachdy enillodd y frwydr, a bu'n rhaid i'r bysiau a'n cludai o bob maestref yng Nghaerdydd ein gollwng hanner ffordd i lawr y stad dai.

Dwi'n parhau hyd heddiw i fod yn anobeithiol am fedru mesur dim byd. Yn ystod fy mlynyddoedd cyntaf yn yr ysgol fe'n dysgwyd i fesur mewn modfeddi, troedfeddi, llathenni, ownsys, pwysau a galwyni. Cyn diwedd fy ngyrfa ysgol gynradd ymddeolodd y brifathrawes a chafwyd prifathro newydd, ac erbyn hynny roedd hi'n amser dysgu milimedrau, centimedrau, medrau, cilomedrau, gramau, cilogramau a litrau. Roedd y ddau brifathro yn rhai penigamp, ac roedd y staff yn ddi-fai. Byddai'n annheg iawn i mi drosgwlyddo'r bai am fy nhwpdra i ar eu hysgwyddau nhw, ond hyd y dydd heddiw mae mesur unrhyw beth yn gur pen i mi. Dyna pam, ella, nad ydw i byth yn gwybod faint o bapur wal i'w brynu, 'mod i'n anobeithiol am ffendio'n ffordd o gwmpas lle diarth, ac yn gwneud smonach go iawn wrth geisio coginio teisen! Dyna pam hefyd na fedra i ddweud rŵan yn union pa mor bell y bu'n rhaid i ni gerdded o'r bws i'r ysgol efo'r drefn newydd, ond mi dybia i ei fod tua chwe chan llath, neu chwe chan medr! I blentyn bach, beth bynnag, roedd o'n bell. Roedd o'n bell iawn gan fod rhes o famau'n leinio'r stryd, rhai yn llygadrythu arnom yn fygythiol, eraill yn ein blagardio'n wawdlyd yr holl ffordd i lawr at yr ysgol.

Roedd un o famau Mynachdy yn codi ofn gwirioneddol arna i. Dwi'n ei chofio hi hyd y dydd heddiw. Bu'n brif gymeriad yn nifer o'm hunllefau am flynyddoedd. Lucy oedd ei henw. Dynes fawr fronnog â gwallt cyrliog du seimllyd oedd Lucy. Doedd Lucy ddim yn ddynes i'w chroesi. Trigai yn un o'r tai agosaf at giatiau'r ysgol. Bob bore a phob prynhawn fe bwysai Lucy dros giât ei llanast o ardd gan ysgyrnygu'n frawychus arnom wrth i ni gerdded heibio. Glynai stwmpyn sigarét rhwng y bwlch yn ei dannedd budron, ac ymdebygai i ddraig yn mudlosgi'n araf, yn barod i ferwi a ffrwydro. Byddai wastad mewn crys T pyg a'i bronnau difrasiar yn gwthio'n hy drwy'r defnydd tenau. Cymharwn hi efo fy mam. Roedd gan Mam res o ddannedd del, a welais i 'rioed mohoni heb frasiar – ond pan wisgai ei choban. Diolchwn bod gen i fam oedd yn ddel ac yn dwt, yn ffeind ac yn addfwyn. Roedd hynny cyn i Mei a Dad farw, a chyn i'r ddiod gael gafael arni.

Bob bore byddai Mrs Evans yn annog y rhai mwyaf nerfus ohonom i ddod oddi ar y bws gan weiddi, 'Heddi, nage fory!' Cerddem oll yn betrus o'r bws i lawr am yr ysgol bob yn ddau. Roedd rhaid i bob plentyn bach gael partner hŷn, ac roeddwn i'n ffodus bod gen i frawd mawr i'm gwarchod. Un bore, wrth gerdded a'm llaw crynedig yn gwasgu llaw Mei, fe luchiodd Lucy – a'i byddin o famau blin – domatos ac wyau atom

62

ni'r plant. Fu arna i erioed gymaint o ofn. Trodd ein cerdded cyflym yn garlam gwyllt wrth inni ddianc o'r pledu didrugaredd i mewn i ddiogelwch muriau'r ysgol. Roedd arna i gymaint o ofn fel i mi bi-pi yn fy nicyr. Dechreuais snwffian crio, ac unwaith y croeson ni drothwy'r ysgol aeth Meilir â fi yn syth at Mrs Hughes. Eglurodd yn ddistaw wrthi 'mod i wedi 'ngwlychu fy hun. Diolchodd Mrs Hughes i Meilir ac aeth yntau i'w ddosbarth. Aeth yr athrawes â fi i'r storfa ac at focs o nicyrs a thronsys glân. Nid fi oedd yr unig blentyn yn ystod y cyfnod helbulus hwnnw i orfod mynd i'r storfa bob bore at y bocs dillad isa ar ôl cyrchoedd Lucy a'i giang.

Cofiais fel y bu i mi grefu ar Mam a Dad i adael i mi aros gartre, ond mynnai'r ddau ohonyn nhw fod gen i hawl i addysg Gymraeg. Doedden ni ddim i ildio i fygythiadau fel hyn. Doedd gen i, bryd hynny, ddiawl o ots am fy hawliau nac am yr iaith Gymraeg. Yr unig beth roedd arna i ei eisiau oedd cael mynd i'r ysgol wedi medru cysgu'n ddihunllef a heb fod wedi gwlychu fy nicyr.

Rhoddais y llun ysgol yn ôl yn y pentwr a chydiais mewn albwm arall, un mwy diweddar. Gwyddwn cyn ei agor pwy fyddai'n gwenu arnaf o'r dalennau plastig. Dyma un o fy hoff albymau, yr un a roddai bleser ac a achosai hiraeth i mi wrth ei fodio a'i 'studio. Agorais y clawr. Roedd ysgrifen Mam mewn inc du ar y ddalen gyntaf – Meilir a Leusa, Pasg 1973, ychydig wythnosau cyn ei farwolaeth. Mei a fi, fi a Mei ym mhob llun. Fi yn hogan fach fain naw mlwydd oed a'm gwallt yn fodrwyau aur, yn gwenu'n ddi-ddant ar fy mrawd mawr Mei. Mei yn ddeuddeg oed, yn edrych arnaf yn annwyl drwy'r llygaid dwys, a'i benliniau'n sgathriadau coch o dan ei drowsus cwta brown.

Llun arall ohonom, llun grŵp y tro hwn. Llun ysgol Sul. Fi ar un pen y rhes a Mei ar y pen arall, a phoster lliwgar o'n blaenau a'r pennawd 'Gwaed y Groes' arno. Gwasanaeth y Pasg, mae'n rhaid. Roedd Mrs Humphreys yn sefyll y tu ôl i Mei, a'i bronnau'n pwyso fel dau falŵn ar ei ysgwyddau. Cofio Mam yn dweud yr hanes am Mrs Humphreys yn datgan wrthi pan oedd Mei yn ddim o beth:

'Bydd hwn yn ddyn mawr ryw ddydd.'

Nain yn gwirioni ac yn dweud fod yna rywfaint o waed sipsi yn nheulu Mrs Humphreys. Ond chawson ni byth wybod. Beth fyddai wedi dod o Mei tasa fo wedi cael byw? Roedd o'n hogyn peniog, yn boblogaidd, yn annwyl, ac yn sobor o ffeind efo fi. Llyncais fy mhoer. Cwffiais y dagrau, a chlywais y llais bach wrth ddrws yr ambiwlans yn sgrechian ei enw.

'Mei! Meeeeiii!'

Cofio rhywun yn fy nghario i'r tŷ. Nid Mam. Nid Dad. Doedd Dad ddim yno. Dyn yn fy nghario i'r tŷ, a chlywed Mam yn igian crio yn y parlwr.

Codais a mynd i'r parlwr. Agorais y drws, y drws oedd a'i ddolen yr adeg honno bron yn rhy uchel i mi ei chyrraedd. Ceisiais gofio'r olygfa. Mam yn eistedd yn y gadair wrth y ffenest fwa, plismones wrth ei hymyl, a finnau'n sefyll yn unig, ofnus wrth y drws. Ac eto, doeddwn i ddim ar fy mhen fy hun, roedd rhywun wedi agor y drws ac yn cydio'n dynn, dynn yn fy llaw. Nid Dad, nid Dad; doedd o ddim yno y diwrnod hwnnw, yn ôl Mam. Doedd o ddim yno pan oedd hi fwyaf o'i angen. Cofio Mam yn hisian fel cath wyllt i'm cyfeiriad a finnau'n dychryn.

'Dim bai fi oedd o, Mam. Dim bai fi.'

Y dyn yn cydio ynof yn warchodol, cyn troi ar ei sawdl a mynd. Mam yn gafael ynof ac yn fy ngwasgu mor dynn nes fy mygu. Ac wedyn dim. Dwi'n cofio dim, dim ond sŵn y gangen yn torri, a sŵn fy chwerthin i wrth weld Mei yn disgyn â sblash bendigedig i'r dŵr. Finnau'n clwydo ar y gangen yn trydar chwerthin ac yn disgwyl i Mei godi o'r dŵr. Mae'n rhaid mai disgwyl wnes i, fedrwn i ddim cofio dim mwy, dim ond yr ambiwlans y tu allan i'r tŷ a'r corff gwlyb, gwelw yn cael ei gludo i ffwrdd, a'r sgrech.

'Mei! Meeeeiii!'

Caeais ddrws y parlwr a mynd yn ôl i'r gegin gefn i dwtio'r atgofion a'u cadw yn ôl yn eu lle.

*   *   *

Ar ôl cinio fe es yn ôl i Ysbyty'r Waun. Cerddais ar hyd y coridor hir a'm stumog yn glymau poenus eto. Roedd y ward yn un ddigalon, yn llawn o hen bobl a'u hieuenctid yn atgof yn unig. Ward geriatrig oedd hi. Roedd hynny'n fy ngwylltio braidd. Nid geriatrig oedd Mam. Onid oedd yn bryd i ysbytai gael wardiau ar gyfer alcoholics? Sut oedd Mam i wella a chodi ei hysbryd ynghanol hen bobl fel hyn? Teimlais embaras yn cerdded i mewn yno eto, mor iach a sionc yr olwg, er fy mod innau'n teimlo'n hen gant o ran ysbryd.

Roedd Mam yn cysgu, a chymerais gipolwg sydyn ar y siart ar waelod ei gwely. Ddeallais i ddim llawer o'r hieroglyffics, dim ond digon i ddeall bod rhywbeth yn bod ar yr iau, y gwaed, yr esgyrn . . . Es draw at ddesg y nyrsys yn y coridor a holi am gyflwr Mam. Roeddwn yn falch o weld mai'r nyrs fach glên oedd yno. Tynnodd ffeil o'r drôr ac esbonio i mi fod yr yfed wedi achosi osteoporosis yn yr esgyrn, a'i fod cynddrwg nes bod crac i'w weld yn yr asgwrn cefn. Dyna'r rheswm pam yr oedd cerdded a symud mor boenus i Mam. Nid oedd dim y gallai'r ysbyty ei wneud ar wahân i roi degau o bils bach calsiwm, ymysg nifer o rai eraill, ac fe esboniwyd i mi y byddai Mam ryw hanner modfedd yn fyrrach oherwydd yr osteoporosis. Gwenais. Roedd hanner modfedd yn werthfawr i wraig bum troedfedd dwy fodfedd. Diolchais i'r nyrs a throi yn ôl am y ward.

Agorodd Mam ei llygaid. Gwenodd arnaf gan edrych yn wirioneddol falch o'm gweld.

'*Nurse! Nurse!*' ochneidiai'r ddynes ddiymadferth drws nesaf.

'*I want to blow my nose.*'

'*I'm not a nurse,*' meddwn innau'n dosturiol.

'*Well you can blow my nose anyway!*' harthiodd arnaf yn ddiamynedd. Er i Mam chwerthin, roedd ochneidiau diddiwedd y ddynes wedi ei gyrru'n benwan drwy'r nos. Ond ni chafwyd gair o gŵyn gan Mam. Yn ôl y nyrsys roedd hi'n glaf delfrydol. Ni chanodd y gloch unwaith yn ystod y nos.

Gwyddwn innau fod gofyn am help yn mynd yn groes i'r graen iddi. Yn y gwely ar yr ochr arall iddi roedd Mary o Lanelli. Tra oeddwn i'n eistedd gwelwn hi'n rhoi minlliw pinc ar ei gwefusau, slipars ar ei thraed, bag bychan lledr ar ei braich ac yna ei hanelu hi am y drws.

'*I think I'll get the bus home now, love,*' meddai'n annwyl wrth Mam. Mam, yr un mor annwyl, yn ceisio'i darbwyllo i aros, gan ddweud nad oedd bws ar gael, ac y byddai'n well iddi aros tan y bore. Roedd meddwl Mary'n crwydro, ac yn ôl Mam doedd fiw i chi droi eich cefn ar ddim byd o'ch eiddo, neu mi fyddai rywsut rywfodd wedi ffendio'i ffordd i'w bag llaw, neu o dan ei gobennydd. Trodd Mary yn ôl am ei gwely gan ofyn i Alice yn y gwely gyferbyn faint o'r gloch oedd hi.

Atebodd Alice hi'n swta, '*You tell me, Mary; you've got my bloody watch on.*'

Gwenodd Mam a finnau ar ein gilydd.

'Mi ga i fynd adre, munud y byddan nhw wedi sortio'r clefyd siwgr 'ma.'

Edrychais arni cyn dweud yn ofalus, 'Does gennoch chi ddim clefyd siwgr, Mam.'

Edrychodd arnaf yn stowt.

'Eich lefelau siwgr ydy'r unig beth sy'n normal, Mam,' cynigiais eto. Ond wrth droi ei phen yn ddisymwth oddi wrthyf, gwyddwn ein bod ar fin dechrau chwarae'r un hen gêm eto. Y tro hwn, fodd bynnag, roedd llais bach y tu mewn i mi yn mynnu peidio ildio. Aeth rhai munudau heibio cyn i mi drio eto, ac eto ac eto. Ond bob tro y ceisiais drafod y gwir reswm dros ei harhosiad yn yr ysbyty, roedd ei phen yn troi fel pendil cloc er mwyn osgoi unrhyw gyswllt llygad. Ar ôl oddeutu awr o'r *charade*, gwelwn y llygedyn olaf o obaith fu gennyf yn llithro oddi wrthyf fel dŵr i'r draen. Dechreuais grio'n gwbl afreolus. Dwi'n siŵr na welodd hi mohona i'n crio fel yna er pan oeddwn i'n blentyn bach, er diwrnod boddi Mei, ella. Doeddwn i ddim yn cofio pryd i mi grio fel yna ddiwethaf, chwaith. Colli ambell ddeigryn, do, ond nid beichio crio.

'Dwi jyst ddim isio'ch gweld chi'n marw, Mam,' meddwn innau drwy fy nagrau. Trodd ei phen, gan edrych ym myw fy llygaid.

'Na, dwi'n gwbod, del bach,' meddai, gan fwytho fy mhen. Roedd hi'n sefyllfa gwbl afreal – hi yn ei gwaeledd yn fy nghysuro i. 'Mi fydd hen wraig dy fam yn iawn, 'sti.'

'Dim ond os wnewch chi beidio yfed eto, Mam.'

''Na i ddim, Leusa. Dwi 'di cael dipyn o sgytwad a dwi'n benderfynol o gael gweld yr hen Iolo bach yn tyfu.'

Ceisiais esbonio nad oedd gan ei salwch ddim i'w wneud â chryfder neu wendid personoliaeth, na grym ewyllys na dim. Salwch oedd o, a doedd dim cywilydd mewn salwch. Fe swniai fy ngeiriau'n rhai doeth, er nad oeddwn yn siŵr a gredwn yn yr hyn roeddwn i'n ceisio'i ddweud. Gwenodd Mam yn annwyl arna i am y tro cyntaf ers cantoedd. Codais i fynd i'r tŷ bach a'r baich rhyfeddaf wedi'i godi o'm hysgwyddau. Daeth nyrs ataf gan ofyn a oeddwn yn iawn.

'*I've never felt better*,' meddwn wrthi drwy fy nagrau.

Pan ddes allan o'r tŷ bach es yn syth at ddesg y nyrs yn y coridor. Esboniais y byddai'n rhaid i mi fynd yn ôl i ogledd Cymru fory, ond y byddwn yn ffonio bob dydd i weld sut oedd Mam. Gofynnais iddi a fyddai'n rhoi rhybudd i mi pan fyddai Mam yn gadael yr ysbyty. Doeddwn i ddim am iddi fynd yn ôl i dŷ gwag, a byddai'n rhaid iddi gael cwmni am dipyn. Gwenodd y nyrs arnaf, cadarnhau bod fy rhif ffôn ganddi, a throi yn ôl at ei gwaith papur. Es i ffarwelio â Mam. Edrychai'n fengach, rywsut. A oedd siarad am ei chyflwr wedi ysgafnhau rhywfaint ar ei baich hithau?

'Mae tymor yr ysgol ar fin dechra a mi fydd yn rhaid i mi fynd 'nôl i 'ngwaith.'

'Bydd, del bach. Edrych di ar ôl y tywysog bach 'na s'gen ti.'

'Ella y medra i ddod lawr eto mewn wsos neu ddwy.'

'Paid â phoeni amdana i, Leusa fach. Mi fydda i'n iawn.'

Rhoddais sws iddi ar ei boch a cherdded o'r ward ddiflas yn ddedwyddach nag y bûm ers tro byd.

Crewe. Gohiriad eto, ond nid oedd yn poeni gormod arnaf y tro hwn. Roeddwn i hyd yn oed wedi gwenu ar y rheolwr tew, a edrychai'r un mor ddiamynedd ag yr oedd ddydd Sul. Doedd dim sôn am fy Adonis bach i. Tybed beth oedd ei hanes o erbyn hyn? Beth fu pen draw'r daith iddo fo? A beth am yr hen wraig biwis a'i throli? Efallai y byddai gen i fwy o amynedd â hi heddiw. Roedd y byd yn lle cleniach y diwrnod hwnnw a'r haul yn gwenu'n dynerach.

Cael a chael oedd hi i mi ddal y trên yng Nghaerdydd, ond y munud roeddwn i yn ei grombil dyma syrthio yn un swpan i'r sedd agosaf. Roedd helyntion y dyddiau diwethaf yn powlio ac yn pendilio fel y peli metal magnetig hynny ar ddesg Paul yn ei swyddfa. Sylwais ar y polion haearn ar y platfform yn Crewe. Tybed yn erbyn pa un o'r rhain y taflodd Mam ei hun? Roedd y llun hwnnw'n parhau i fod yn fwgan i mi. Tybed sut oedd Mam erbyn hyn? O leiaf roedd hi mewn dwylo diogel. Roedd yna obaith rŵan, a'r gobaith hwnnw oedd yn llonni fy nghalon, yn gwneud y byd yn lle brafiach i fod ynddo.

Bangor. Gwelais ei wyneb bach disgwylgar cyn i'r trên aros.

'Iolo! Iolo! Fa'ma!' Gwelodd fy mhen drwy ffenest drws y trên a brasgamodd tuag ataf yn gyffro i gyd mewn gwisg Everton glas a melyn.

Lluchiais fy magiau ar lawr ar ôl dod oddi ar y trên a'i gofleidio'n gynnes.

'Sut wyt ti, boi? Ewadd, gad i mi dy weld di. Lle gest ti'r cit pêl-droed smart yma?' Cyn i mi glywed ei ateb, gwelais nad Bethan ddaethai â fo i'r orsaf, ond Paul. Am ryw reswm teimlwn fy hun yn cochi.

'Lle mae Bethan?'

'Daeth ei mam hi â Iolo draw bore 'ma. Doedd Bethan ddim yn ddigon da i edrych ar ei ôl o.'

'Be sy'n bod arni?'

Torrodd Iolo ar draws ein sgwrs.

'Sut mae Nain, Mam?'

'Mae hi yn yr ysbyty, Iols, ond mae hi'n gwella'n ara bach.'

Gwyddwn fod ar Paul eisiau gwybod pam nad oeddwn i wedi dweud wrtho fo am fy helyntion diweddaraf. Edrychais arno, ond wrth ddal ei lygad edrychais yn sydyn ar fotwm ei grys, a meddwl mor braf fuasai cael rhwygo'r botymau i gyd a theimlo'i gnawd cynnes yn erbyn fy mochau coch. Rywsut neu'i gilydd llwyddais i gecian yn flêr yn fy mlaen.

'Dwi'n meddwl ei bod hi'n mynd i wella.'

Edrychodd arnaf a dweud yn gwbl ddidwyll, 'Mae hynna'n newyddion da. Dwi mor falch.'

Gadawodd y tri ohonom yr orsaf a mynd i gar Paul. Roedd yn deimlad rhyfedd eistedd yn y car wrth ochr Paul, a phen bach bodlon Iolo wedi ei stwffio rhyngom ni.

'Dyro dy felt 'mlaen, cariad bach,' meddai Paul, a finnau'n ciledrych arno, yn ei edmygu o, yn ei awchu o. Daria! Daliodd fy llygad eto a gwenu'n betrus arnaf. Ceisiais wenu'n ôl, ond roedd fy mochau fel jeli. Syllais ar y tacsi oedd o'n blaen ni.

'Wyt ti 'di byta, Leusa?'

'Naddo.'

Saethodd llais brwd Iolo fel bwled o'r cefn:

'Mae Dad a fi'n mynd i'r Gors am swper. Wyt ti'n dod hefyd, Mam?'

Llyncais fy mhoer gan wybod, waeth beth fy nheimladau, na allwn wrthod.

'Iawn. Ocê. Ond adra syth wedyn, iawn?'

'Grêt! Diolch, Mam.'

Roedd llygaid gleision Paul yn diolch i mi am beidio siomi'r llais bach yng nghefn y car. Edrychais ar y goleuadau traffig gan ewyllysio iddynt newid, er mwyn i Paul droi ei sylw oddi wrtha i.

*   *   *

Braf oedd cyrraedd yn ôl i glydwch y tŷ. Er mor falch oeddwn o weld Iolo eto ar ôl treialon y dyddiau diwethaf, roedd hi'n rhyddhad ei weld yn llonyddu yn ei wely, yn ymlacio, ac yn ildio i gwsg. Meddyliais am y swper yn y Gors. Methodd Gwerfyl y tu ôl i'r bar â chuddio ei syndod o weld Paul a fi efo'n gilydd.

'Ewadd annwyl! Dyma beth ydy syrpreis. Sut ydach chi'ch dau?'

Roedd y Gors yn wag, diolch i Dduw. Roeddwn i'n ofni y buasai rhywun yr oeddem yn ei adnabod yno. Byddai'r stori ar led fel tân gwyllt bod Paul a finnau wedi ein gweld efo'n gilydd. Roedd hi'n ddirgelwch i bawb sut y bu i'n perthynas chwalu mor sydyn, a ninnau wedi bod mor anwahanadwy, yn ffrindiau mynwesol, yn gariadon mor glòs, yn batrwm o bâr priod.

Roedd Iolo bach wrth ei fodd yn ein gweld efo'n gilydd. Bu Paul yn fy holi am Mam, ond doeddwn i ddim eisiau dweud gormod o flaen Iolo. Hebryngodd ni yn ôl i'r tŷ, rhoi sws i Iolo ac edrych arna i. Gofynnais iddo'n betrus a fyddai'n hoffi dod i mewn am ychydig, gan ychwanegu 'Mae o'n dŷ i chdi hefyd, 'sti.'

Daria! Roedd o'n edrych yn anghyfforddus. Doedd o ddim yn gwybod beth i'w ddweud. Roeddwn i'n difaru'n syth 'mod i wedi agor fy ngheg.

'Na, fedra i ddim rŵan. Ond yli, os oes raid i ti fynd lawr i Gaerdydd eto, gad i mi wybod. Mi edrycha i ar ôl Iolo. Dwi isio helpu. Ocê?'

Llosgai fy llygaid wrth geisio cwffio'r dagrau. Yswn am gael ei gwmni, ac roedd wedi fy ngwrthod. *Paid â chrio, paid â chrio*, meddai'r llais bach yn fy mhen. Defnyddiais yr unig arf oedd gen i, yr arf roedd Paul wedi cael blas o'i min yn aml yn ystod y blynyddoedd diwethaf, sef fy nghynddaredd dawel. Poerais y geiriau ato a gwenwyn ym mhob brath:

'Chaiff Iolo ddim dod i'r fflat – dim tra dy fod ti'n hudo genod bach ifanc atat ti yna.'

Ergydiais yn berffaith. Roedd o wedi ei frifo. Nid bod hynny'n rhoi boddhad i mi, ond roedd rhywbeth yn well na gadael iddo fy ngweld yn crio. Ymlaen â fi yn ddidrugaredd.

'Be 'di enw'r ddiweddara . . .? Ym . . . Mari, ia? Peth bach handi?'

Roedd Paul yn edrych arnaf, nid gydag atgasedd fel roeddwn i'n ei ddisgwyl, ond gyda thosturi. Aeth i'w boced a thynnu pamffled bychan allan a'i roi i mi.

'Rwyt ti angen help, Leusa.'

Ar hynny trodd a mynd am ei gar heb edrych yn ôl unwaith. Edrychais ar y pamffled a gweld mai gwybodaeth am gymdeithas Al-Anon ydoedd, sef cangen o Alcoholics Anonymous sy'n cynnig cymorth i berthnasau a ffrindiau alcoholics. Gwthiais ef i waelod poced fy nhrowsus cyn troi yn ôl am y tŷ.

Eisteddais ar y soffa Chesterfield ddu. Rhedais fy nwylo ar ei hyd gan gofio'r diwrnod y daeth Paul a minnau ar ei thraws a'i phrynu. Roedden ni newydd ddyweddïo, a'r canpunt a hanner a gawsom yn anrheg dyweddïo gan Mam yn llosgi yn ein pocedi. Roedden ni ar ein ffordd i Fiwmares i holi am westy ar gyfer y brecwast priodas pan welson ni siop hen drugareddau ar ochr y ffordd, ac yno y gwelson ni'r hen soffa ym mhen draw'r 'nialwch o siop. Cawsom ganiatâd y siopwr i eistedd arni. Roedd y ddau ohonom wedi gwirioni arni ac yn meddwl ei bod hi'r union beth i lenwi'r gwagle o dan ffenest parlwr ein tŷ newydd.

'Mi wnawn ni fwy na jyst ista ar hon, Leus . . . y, y . . . be ti'n ddeud?' meddai wrth gusanu fy ngwar. Chwarddais yn uchel wrth weld yr hen ddyn gwargrwm, a fedyddiwyd gan Paul yn Shadrach, yn edrych yn amheus arnom o ben arall y siop. Dechreuodd Paul fwytho fy nghefn, a'i law yn crwydro'n araf i lawr ac i lawr . . .

'Cwyd dy din,' sibrydodd. Edrychais arno mewn

rhyfeddod, heb fod yn siŵr a oeddwn i wedi deall ei gais.

'Cwyd dy din. Fydd Shadrach ddim callach.'

Ar hynny galwodd y siopwr gan ofyn a allai roi help llaw.

'Dim diolch,' atebodd Paul a gwên yn ei lais. ''Dan ni angen rhyw bum munud arall i benderfynu.'

Trodd Shadrach yn ôl at ei ddesg lychlyd a theimlais law Paul eto yn fy annog i godi. Codais fymryn gan ufuddhau i'w law daer. Aeth ei law o dan fy sgert, o dan fy nicyr, gan fwytho'r rhan honno o 'nghorff oedd erbyn hyn yn ysu am ei gyffyrddiad. Roedd yn byseddu'n ddeheuig, yn feistrolgar, yn gwybod yn union sut oedd plesio. Rhoddais fy llaw yn fy ngheg er mwyn f'atal fy hun rhag ochneidio'n uchel. Teimlwn fy maneg fewnol yn ymollwng, yn agor, a bysedd Paul erbyn hyn yn llithro yn y gwlybaniaeth cynnes. Cusanais ei wefusau gan fwmian, 'Paul . . . Ty'd o 'ma . . . Fedra i ddim dal dim mwy . . . Plîs . . .'

Tynnodd Paul ei law oddi tan blygiadau fy sgert. Edrychodd arnaf, gan roi'r bys llysnafeddog yn araf yn ei geg a rhythu arnaf yn awchus wrth wneud. Roedd anlladrwydd y weithred yn fy synnu, yn fy nghynhyrfu, yn fy nghyffroi.

'Ydan ni'n ei chymryd hi?'

Edrychais arno'n syn.

'Y soffa, Leus. Wyt ti isio hi? Mae hi'n amlwg yn plesio.'

Cododd a mynd at Shadrach gan dynnu canpunt o'i waled.

75

'Mae hi'n plesio. Mi bryna i hi gennoch chi am ganpunt. Cash.'

Gwenodd Shadrach arno; gwên goeglyd yn dangos ceg ddi-ddant. A oedd ganddo syniad o'r hyn fu'n digwydd ar ei soffa yn y munudau diwethaf? Codais, gan smwddio'r sgert yn ôl i'w lle â'm dwylo crynedig tra gwnaeth Paul y trefniadau i gyrchu'r dodrefnyn i'r tŷ. Es yn syth am y car. Daeth Paul yn fuan wedyn.

'Dos â fi i rwla, Paul. Rhwla preifat. Rŵan.'

'Iawn, bòs,' meddai, yn wên o glust i glust. 'Fydda i ddim yn licio gadael job ar 'i hannar.'

Aeth yn ei flaen, ac ymhen llai na milltir trodd y car oddi ar y briffordd droellog a gyrru i lawr yr allt at lan y dŵr. Parciodd y car wrth ymyl tafarn fechan a wynebai fawredd y Fenai ac Eryri. Gadawsom y car wrth glwstwr o geir eraill o flaen y dafarn. Edrychodd Paul o'i gwmpas gan afael yn fy llaw a'm hebrwng o gyfeiriad y dafarn at wal gerrig fechan. Dringodd drosti. Dilynais ef. Roedd cwt pren yr ochr arall i'r wal, ychydig lathenni o lan y dŵr. Roedd y drws wedi ei gloi, ond yr ochr arall iddo, o olwg cwsmeriaid y dafarn, roedd cwch rhwyfo bychan a'r enw *Seachelles* wedi ei beintio'n goch ar ei ochr. Gwelodd Paul fi'n petruso.

'Sais bia fo'n saff i ti, felly be 'di'r ots?'

Dringais i mewn yn nerfus ar ei ôl a chydiodd ynof a'm rhoi i led-orwedd ar raffau blêr oedd ar waelod y cwch. Cusanodd fi'n frwd ac ymatebais, ond erbyn hyn roedd y chwant wedi pylu a'r rhaffau'n brathu 'nghefn.

'Fedra i ddim, Paul. Dwi'm isio rŵan.'

76

Roedd y gwynt wedi ei dynnu o hwyliau'r ddau ohonom. Aethom i eistedd ar y wal gerrig gan syllu ar y tonnau'n suo'r cychod a bendwmpiai'n ddiog, ac Eryri'n silwét dramatig i'r cyfan.

'Sori, Paul. 'Nes i ddifetha bob dim.'

Ysgydwodd ei ben, a chan barhau i edrych yn syth yn ei flaen, dywedodd yn ddistaw, 'Naddo, Leus. Sut fedri di ddeud hynna pan wyt ti wedi cytuno i fod hefo fi, a neb arall, am weddill ein bywyda? S'gen ti'm syniad pa mor hapus ydw i. Ffycin hel, dwi'n dy garu di.'

Edrychais arno a gweld fod ei lygaid yn loyw. Doeddwn i erioed wedi ei weld o'n crio o'r blaen a doeddwn i ddim yn siŵr sut i ymateb. Roeddwn i wedi fy nysgu fy hun i ymatal rhag dangos gormod o emosiwn, i guddio fy ngwir deimladau. Roedd ei weld yn ymollwng fel hyn yn fy nychryn, ac eto fedrwn i ddim llai na'i edmygu fo am fedru gwneud. Gafaelais yn ei law a dweud wrtho fy mod innau'n ei garu yntau, er nad oeddwn yn siŵr o ystyr y geiriau dieithr yna. Cododd a cherdded i mewn i'r dafarn gan fy ngadael yno'n teimlo'n ddryslyd. Beth ddaeth dros ei ben o'n crio fel'na? Pam na allwn innau wneud yr un fath weithiau? Roeddwn i'n genfigennus ohono, er na ddywedais i hynny wrtho fo erioed. Roedd rhai pethau yr oeddwn i'n eu cuddio hyd yn oed rhag Paul.

Daeth yn ei ôl ymhen ennyd yn cario dau beint o lager oer. Doedd dim ôl dagrau ar ei ruddiau nac yn ei lygaid.

'Iechyd da. I ti a fi. A hir oes i'r soffa!'

Yfon ni'r lager yn ddistaw; y ddau ohonom yn

ein byd bach ein hunain yn myfyrio ar yr awr ryfedd yr oeddem newydd ei threulio gyda'n gilydd. Wrth adael a throi trwyn y car i gyfeiriad Biwmares trodd Paul ataf a direidi'n pefrio o'i lygaid gleision.

'Hei, Leusa. Pryd 'dan ni am fynd i brynu gwely i'r tŷ?'

Chwarddais yn uchel. Rhoddodd Paul ei gasét Van Morrison ym mheiriant y car, a chyda hwnnw'n diasbedain dros y lle, bu Paul, fi a Van yn canu *'Jackie Wilson said I'm in heaven when you smile'* yr holl ffordd i Fiwmares.

Pennod 8

Medi 1997

Roedd gwyliau haf arall drosodd a Phrydain yn dal mewn sioc ar ôl marwolaeth annhymig Diana. Dwi'n meddwl mai fi oedd un o'r ychydig rai na ddangosodd fawr o ddiddordeb yn y newyddion yn ystod y cyfnod hwnnw, er bod marwolaeth ar flaen fy meddwl innau. Nid marwolaeth tywysoges ond rhywun llawer iawn pwysicach, llawer iawn mwy perthnasol i mi, sef Mam. Diolchais i mi gael y gras i'w chael i'r ysbyty. Rhoddai hynny dawelwch meddwl i mi, a gobaith y cawn ddod i'w hailadnabod fel mam ddelfrydol fy ieuenctid.

Roeddwn i'n ysu am gael dychwelyd i ryw fath o drefn, ac er ei swnian, roedd Iolo'n hapus braf yn mynd yn ôl i'r ysgol. Doeddwn i ddim wedi cael amser i brynu esgidiau newydd iddo fo, felly bu'n rhaid iddo fynd yn ei hen dreinyrs bawlyd. Doedd hynny'n poeni dim arno fo, doedd o ddim isio sgidiau newydd, wir, roedd o'n fwy na bodlon efo'i dreinyrs. Edrychai'n dipyn o lanc wrth ei sgwario hi drwy'r plant bach newydd a throi ei gefn ar y babanod a mynd ar ei union gyda Barry a Cerwyn i'r adran iau. Daeth gwên i'm hwyneb wrth weld y bag mawr Everton ar ei gefn fel cragen crwban. Doedd dim byd ynddo, dim ond ei bres cinio, ond mynnodd fynd â fo. Es innau am fy ngwaith gan wybod, wedi

79

colli cymaint o wythnosau o'r swyddfa, y byddai pentwr o waith papur yn fy nisgwyl, heb sôn am orfod ymweld â phlant a'u rhieni.

Wythnos yn ddiweddarach, a phawb wedi dechrau ymgynefino â threfn arferol tymor newydd ysgol a gwaith, es i'r Wern i godi Bethan ar ôl gollwng Iolo yn yr ysgol. Doeddwn i ddim wedi ei gweld ers i mi ddod 'nôl o Gaerdydd, er i mi ei ffonio i ddiolch iddi am warchod Iolo. Bu'n sâl yn ystod yr wythnos gyntaf yn ôl yn y gwaith. Roedd hi wedi cael byg, meddai hi, ar ôl bod mewn sesh fawr mewn gŵyl roc y penwythnos cynt. Roedd hi mewn hwyliau da. Tynnodd gysgodlen yr haul i lawr, edrych yn y drych a gorffen ei hymbincio, gan weiddi cwyno fy mod yn gyrru'n rhy gyflym ar draws crymachau diogelwch y ffordd ger yr ysgol. Edrychais arni a chwerthin wrth weld bod ei minlliw pinc yn un llinell dew flêr o gwmpas un ochr ei gwefus.

'Ti'n well, dwi'n gweld.'

'O God! Sbia golwg. Dwi fatha Coco ddy Clown!'

Chwarddais eto. Roedd Bethan yn donic. Aeth ymlaen i baldaruo am yr hwyl a gawsai hi a Iolo tra oeddwn i yng Nghaerdydd. Rhyfedd, meddyliais, na soniodd Iolo lawer am ei arhosiad gyda hi. A oedd o'n gwarafun i mi fod oddi wrtho gyhyd? Ynteu gweld ei dad a barodd iddo anghofio sôn am ei amser efo Bethan?

Parciais y Golf a cherddodd y ddwy ohonom tuag at y swyddfa. Cyn i mi gael cyfle i dynnu fy siaced galwodd Rachel, ysgrifenyddes arall y swyddfa, i ddweud fod Eurwyn James ar y lein i mi. Codais y ffôn ar fy union a'm calon yn curo fel gordd. Ofnwn y gwaethaf. Roedd ei lais yn swnio'n ddieithr. Ceisiais gofio pryd y siaredais ag o dros y ffôn ddiwethaf. Fedrwn i ddim cofio. Esboniodd ei fod wedi bod i weld Mam yn yr ysbyty y diwrnod cynt. Roedd hynny'n ddigon o sioc, ond cefais ysgytwad arall pan ddywedodd ei bod hi'n cael ei hanfon adre'r diwrnod hwnnw.

'HEDDIW!' ebychais mewn anghrediniaeth. Roeddwn i'n lloerig efo'r ysbyty am beidio â'm rhybuddio fel yr addawyd. Gwyddwn nad oedd Mam ddim ffit i fod gartre ar ei phen ei hun, a gwyddwn o fy mhrofiad o weithio ar wardiau oedolion mewn ysbyty nad oedd gwasanaeth digon arbenigol ar gael i ddelio ag alcoholics. Sut fath o wasanaeth fyddai'n gyrru alcoholig ag asgwrn cefn wedi ei dorri adre, a hynny heb fymryn o gefnogaeth? Niwsans oedd alcoholics. Sicrhaodd Yncl Eurwyn fi y byddai'n hebrwng Mam adref y prynhawn hwnnw ac esboniais innau y byddwn yn 'sortio rhywbeth allan'. Sortio rhywbeth allan? Sortio beth? Bywyd diflas fy mam a fy mywyd diffaith i? Roedd hi'n dipyn o fynydd i'w ddringo, a wyddwn i ddim yn iawn pa gam i'w gymryd nesaf.

Rhoddais y ffôn yn ôl yn ei grud a thrawodd Dorothy ei phen rownd y drws.

'Leusa! Ga i air?' Llusgais fy hun o'm desg draw at swyddfa Dorothy a'm meddwl ar chwâl.

Gwahoddodd fi i eistedd ar gadair oedd yn bentwr o bapurau a ffeiliau. Fe'u codais a'u rhoi i orffwys yn simsan ar ben hylltod o ddogfennau eraill ar ei desg a ymdebygai i dŵr Pisa. Hyd yn oed yn fy nghyfyngder cythryblus fedrwn i ddim llai na sylwi ar lanast llychlyd y swyddfa a gydweddai'n rhyfedd â dillad anghymarus Dorothy. Beth wnaeth i'r Prif Therapydd godi'r bore hwnnw a dewis sgert frown flêr, blows las tywyll a chardigan a fu unwaith yn ddu ond oedd bellach a gwawr wyrdd-lwyd iddi? A welsai ei gwallt tenau llygliw grib cyn mentro o'r tŷ? Ac eto, er gwaethaf stomp ei hymarweddiad, roedd Dorothy'n batrwm o weithwraig gydwybodol a'i bywyd, hyd y gwyddwn i, yn syml a diffwdan. Mor wahanol yr edrychai'r ddwy ohonom. A fedrai fy ffrog Jeff Banks a anwesai fy nghorff main, a'r tresi aur a eisteddai'n raenus ar fy ysgwyddau heulfelyn, guddio siop siafins fy mywyd?

'. . . Dydd Mercher mae'r cwrs . . .'

Deffroais yn sŵn ei llais melfedaidd, gan sylweddoli nad oedd gen i'r un syniad am beth y bu'n sôn.

'Cwrs?'

'Ia, dwi'n gwbod fod gennoch chi domen o waith i'w wneud ar ôl i chi fod i ffwrdd, ond mae'n rhaid i bawb yn yr adran fod wedi cael hyfforddiant ar y Ddeddf Plant Newydd cyn diwedd y mis. Cwrs tridiau yn Llandudno ydy o . . .'

'Tridiau!'

'Oes problem, Leusa?'

Plethais fy nwylo chwyslyd a chwarae â'r fodrwy aur a wisgwn o hyd er mwyn cuddio cywilydd fy sefyllfa briodasol. Byddai'n rhaid i mi gysylltu â Paul y tro hwn. Byddai'n rhaid gwneud trefniadau call parthed Iolo, byddai'n rhaid mynd i Gaerdydd, gwneud trefniadau hirdymor, siarad â meddygon, yr arbenigwr . . . Roedd fy meddwl ar ras a finnau'n cael gwaith dal i fyny.

'Leusa?'

Torrodd llais Dorothy ar draws fy meddyliau dryslyd. Edrychais arni a gweld bod ganddi wir gonsŷrn yn ei llygaid. Edrychais i lawr ar fy nwylo cyn dweud, 'Oes, mae 'na broblem . . .'

Bu saib anghyffyrddus eto. Nid ynganwyd gair, ac nid oedd dim i'w glywed ond grŵn distaw y cyfrifiadur yn gyfeiliant i ddistawrwydd arteithiol yr ystafell, ynghyd â dwndwr siarad a sgyrsiau ffôn y swyddfeydd cyfagos yn y cefndir. Cymerais anadl ddofn.

'Dwi ddim yn meddwl y bydda i'n gallu mynd . . .'

Gwyddwn y byddai'n rhaid i mi roi esboniad, ond wyddwn i ddim ble i ddechrau. Ceisiodd Dorothy fy helpu yn fy anhawster amlwg.

'Problemau priodasol?'

'Rheiny hefyd.'

'Ond mae 'na rywbeth arall?'

'Oes. Mam . . . Mae Mam yn alcoholig.'

Powliodd y dagrau lawr fy ngruddiau fel lli'r afon. Eglurais y cefndir diflas. Byrlymai'r geiriau yn un chwydfa fawr ddi-baid. Gwrandawodd Dorothy yn astud cyn dweud yn gwbl wrthrychol, 'Rhaid i chi fynd i Gaerdydd. Mi fydd yn rhaid i chi wneud trefniada iddi gael lle mewn cartref nyrsio, yn bydd?'

Gwyddwn ei bod yn llygad ei lle wrth ddweud y dylai Mam fynd i gartref nyrsio. Roeddwn i wedi cysylltu â lle arbennig yn Weston-super-Mare ar gyfer alcoholics, ond fe fynnodd y rheiny y byddai'n rhaid i Mam fynd yno o'i gwirfodd yn hytrach na chael ei gorfodi i fynd gan berthynas. Gwrthododd Mam yn stowt fynd ar gyfyl y lle. Ac roedd syniad Dorothy o'i rhoi mewn cartref hen bobl mor wrthun. Beth oedd gwraig drigain ac un oed yn da mewn cartref hen bobl? Beth fyddai ymateb Mam i'r syniad diweddaraf yma? Sylweddolais na fyddai dewis ganddi.

Bûm yn y swyddfa am gyfnod wedyn yn siarad, yn crio, yn sychu dagrau, yn diolch i Dorothy am fod yn glust, am helpu. Gwyddwn fy mod yn ei gadael mewn twll a bod yr amseru'n anffodus o gofio i mi gymryd cymaint o amser i ffwrdd dros wyliau'r haf. Byddai'r pwysau ychwanegol ar weddill y staff yn drwm. Roedd prinder staff ac adnoddau yn broblem ddyrys fel ag yr oedd hi, heb i mi wneud pethau'n waeth. Doedd dim cyllid i gyflogi rhywun yn fy lle, hyd yn oed pe bai person cymwys ar gael.

'Mi ddown ni i ben. Cym'wch y tridiau nesaf i ffwrdd. Cysylltwch â mi ganol yr wythnos ac fe ailaseswn y sefyllfa bryd hynny. A pheidiwch â phoeni; aiff yr hyn a drafodwyd yma ddim pellach.'

Doedd dim byd siwgwrllyd ynghylch Dorothy. Cynigiodd fy helpu mewn ffordd gwbl ddidaro. Roeddwn yn falch o hynny. Doedd arna i ddim eisiau tosturi, dim seboni. Diolchais iddi a mynd yn ôl i'm swyddfa i gasglu fy mhethau. Roedd Bethan yno wrth y peiriant coffi.

'Be oedd Doti Dot isio? Tips ar y ffasiynau diweddara?! Hei! Lle ti'n mynd?'

Mwmiais rywbeth am orfod mynd i Gaerdydd, bod pethau ddim yn dda, ac allan â fi. Gyrrais y car i gyfeiriad canol y dre a pharcio yn y maes aml lawr ger yr orsaf fysiau. Tynnais fy ffôn bach o'm bag er mwyn ffonio swyddfa Paul. Doedd dim signal yn y maes parcio. Gadewais y car a rhedeg i'r stryd fawr. Er fy mod o fewn llathenni i'w swyddfa fe driais ei ffonio eto. Os oedd o wedi mynd i'r llys, doeddwn i ddim eisiau wynebu criw ei swyddfa. Adnabûm lais trwynol Linda, a theimlwn ei hembaras yn diferu drwy'r gwifrau pan sylweddolodd hi mai fi oedd ar ben arall y lein.

'Leusa? O! Ym . . . Haia. Ym . . . mae . . . mae Paul ar fin gweld cleient . . .'

Cyn iddi orffen straffaglio ar draws ei geiriau roeddwn yn sefyll uwchben ei gwallt annaturiol o ddu oedd fel cardfwrdd o stiff gan lacr. Ni fu'r ddwy ohonom erioed yn agos, a gwyddwn fod y gwahanu rhwng Paul a fi yn fêl ar ei bysedd bach tewion. Gwasgodd fotwm ar y peiriant bychan o'i blaen.

'Paul, mae eich . . . ym, mae Leusa yma i'ch gweld chi . . .'

Edrychodd arnaf a'i gwên ffals yn cracio yn y modfeddi o golur oren a daenwyd dros ei hwyneb gwelw canol oed.

'Mi gewch chi fynd drwodd.' Rhoddais wên yr un mor ffals yn ôl iddi cyn troi am swyddfa Paul.

Roedd Paul eisoes ar ei draed pan es i mewn. Edrychodd y ddau ohonom ar ein gilydd am ennyd. Roedd ganddo siwt newydd. Ai fo brynodd hi ar ei ben ei hun, neu a gafodd o help? Roedd fy eiddigedd yn fy mygu bron cymaint ag y gwnaeth persawr rhad Linda yn y dderbynfa rai eiliadau'n gynt. Sylwais fod y llun ohonon ni'n dau a Iolo pan oedd yn fabi wedi mynd o ben y cabinet ffeilio, ac yn ei le roedd llun diweddarach o Iolo yn Sŵ Bae Colwyn. Gwelodd Paul fy mod wedi sylwi a stwffiodd ei ddwylo i waelodion pocedi ei drowsus cyn dweud, 'Be ga i neud i ti?'

Trawodd y 'Be ga i neud i ti?' fel cwestiwn cyfreithiwr i gleient. Roedd Paul wedi caledu yn ystod y misoedd diwethaf. Roedd o wedi gorfod gwneud. Gwyddwn fy mod wedi chwalu ei fywyd a bod y creithiau, er eu bod yn dal i'w gweld, yn araf fendio. Roedd y gagendor rhyngom yn lledu gyda threigl amser.

Esboniais sefyllfa Mam a dweud y byddai'n rhaid iddo fo ofalu am Iolo drwy gydol yr wythnos. Nodiodd ei gytundeb, ac roedd ar fin dweud rhywbeth pan ganodd y ffôn.

'Iawn, Linda. Ymddiheura iddo fo y bydda i fymryn yn hwyr. Pum munud.'

Pum munud! Ai dim ond pum munud ychwanegol o'i amser yr oedd yn fodlon eu rhoi i mi? Ac eto wyddwn i ddim beth roeddwn i'n disgwyl iddo fo'i ddweud neu'i wneud. Roeddwn i'n ysu am gael mwy o amser efo fo, cael troi'r cloc yn ôl, cael boddi yng ngwres ei goflaid gynnes.

'Mae'n ddrwg gen i am snapio arna chdi'r noson o'r blaen.' Fedrwn i ddim credu fy mod wedi llwyddo i ymddiheuro. Es yn fy mlaen.

'Doedd gen i ddim busnes i ddweud y pethau wnes i.'

'Mae'n iawn. Rwyt ti dan straen mawr.'

Dechreuodd y dagrau gronni yn fy llygaid.

'Ro'n i dan straen mawr noson y Royal hefyd, Paul. Dwn i'm be ddaeth dros fy mhen i. Dwi'm 'di bod efo neb arall wedyn.'

Edrychais arno'n ymbilgar, yn crefu arno â'm llygaid llaith i afael amdanaf.

'Gwranda, Leusa. Fedra i ddim . . .'

'Gafal yno fi . . .'

Trodd ei gefn a phwyso ar y cabinet cyn sibrwd, 'Fedra i ddim jyst ailgydio mewn petha. Fedra i ddim gafal yno chdi.'

'Pam?'

''Swn i'm yn trystio fy hun, a beth bynnag dwi'n . . .' Gwyddwn ei fod yn dal i weld y Mari yma y soniodd Bethan amdani.

'Wyt ti 'di meddwl mwy am Al-Anon?' gofynnodd yn dyner. Oeddwn, roeddwn i wedi darllen y pamffled a roddodd i mi'r noson o'r blaen, ond na, wrth gwrs doeddwn i ddim am fynd i Al-Anon. Mam oedd yn sâl, ddim fi. Tynnais oriadau'r car o'm poced a'i heglu hi oddi yno.

Gwyddwn fod bod gartre o'r ysbyty yn rhyddhad mawr i Mam. Er breuder yr esgyrn, roedd rhyw sioncrwydd yn ei hysbryd. Roedd Yncl Eurwyn wedi llwyddo i osod gwely gwneud iddi yn y stydi gan na fedrai ddringo'r grisiau, a thybiwn fod rhyw gymod wedi bod rhyngddi hi a'i brawd. Eisteddodd y tri ohonom yno; fi wrth hen ddesg dderw fy nhad, Yncl Eurwyn ar y gadair freichiau werdd a Mam yn y gwely. Roedd llyfr bychan tenau clawr meddal ar gynfas y gwely. Cydiais ynddo. *Tywyll Heno* gan Kate Roberts oedd o.

'Ydy o'n dda, Mam?'

Roeddwn yn falch ei bod yn dangos diddordeb mewn darllen, mewn rhywbeth heblaw syllu i'r gwagle fel y bu'n ei wneud trwy gydol ei harhosiad yn yr ysbyty.

'Dwi'm yn meddwl y basat ti'n licio fo. Mae'n rhaid i ti gyrraedd fy oed i i werthfawrogi be mae hi'n mynd drwyddo fo.'

Gan nad oeddwn erioed wedi darllen gwaith Kate Roberts nid oeddwn yn siŵr sut i gymryd sylw Mam, yn enwedig gan na wyddwn pwy oedd y 'hi' y soniai amdani. Gwelais fy nghyfle.

'Wel, ella bod petha'n edrach yn dywyll i chi heno, ond mae 'na oleuni ym mhen draw'r twnnal 'ma, Mam. Dwi am fynd â chi i fyny efo fi i'r gogledd . . . Mae angen gofal arnoch chi . . . Fedra i ddim gwneud hynny ddau gan milltir i ffwrdd, mynd i 'ngwaith ac edrach ar ôl Iolo. Mi gewch chi'r cartref nyrsio gora, i chi gael mendio'n iawn.'

'Dwi'm isio mynd o fa'ma. Newydd ddod adra ydw i,' meddai'n ymbilgar.

'Does gennoch chi ddim dewis, Mam. Hynny neu gartref nyrsio yng Nghaerdydd. O leia yn y gogledd mi gewch chi weld Iolo, ac mi ddo i i'ch gweld chi bob dydd tan y byddwch yn ddigon cryf i ddod 'nôl adre. Dwi'n gaddo y cewch chi ddod 'nôl yma.'

Ystwyriodd Yncl Eurwyn yn drwsgl yn y gadair cyn dweud, 'Dyna fasa ora, dwi'n meddwl.'

Edrychodd Mam ar y ddau ohonom cyn troi ataf a gofyn yn goeglyd, 'Lle mae'r cartref 'ma, 'ta?'

'Dwi ddim yn siŵr eto. Mae gen i ffrind yn y gwaith sy'n gwneud ymholiada am yr un gora i chi, yr un mwyaf moethus.'

'Mae'n rhaid i mi gael lle sy'n caniatáu smocio, a bydd yn rhaid aros tan ar ôl fory er mwyn i mi gael pleidleisio.'

Doedd dim diben esbonio bod y ffaith fy mod i'n aros yng Nghaerdydd er mwyn iddi hi gael pleidleisio yn fy atal i rhag gwneud. Daethai'r drafodaeth i ben. Aeth y sgwrs yn hesb. Synnwn mewn gwirionedd ei bod wedi derbyn y syniad yn gymharol ddibrotest. Deallwn yn iawn ei hawydd i aros i bleidleisio. Roedd hi'n cefnogi'r syniad o gynulliad i Gymru i'r carn, er nad oedd yn ei thyb hi yn ateb digonol. Esgusododd Yncl Eurwyn ei hun a diolchais iddo am hebrwng Mam o'r ysbyty. Siarsiodd yntau fi i'w ffonio pe bai angen help arnaf. Ar ôl iddo fynd fe es â'r teledu bach i'r stydi at Mam a dweud wrthi y byddwn yn y gegin pe bai angen rhywbeth arni.

Wrth deithio i lawr yn gynharach y diwrnod hwnnw roeddwn i wedi penderfynu bod yna un gorchwyl y byddai'n rhaid i mi ei gyflawni yn fuan ar ôl cyrraedd. Es ar fy union at yr hen ddreser yn y lolfa a'i gwagio o'r dwsinau poteli llychlyd a lenwai ei silffoedd. Faint o weithiau y gwelais Mam yn agor y ddreser ac yn tynnu allan y tymblyr gwydr, y botel *Bells* a'r botel *Dry Ginger*? Dyma ei ffrindiau gorau. Doedd dim pwynt ceisio cystadlu yn eu herbyn. Roedd Mam wedi cael *nightcap* yn ddeddfol bob nos efo newyddion naw ers cyn i mi fedru cofio, gan ollwng ochenaid o ryddhad a phleser wrth ddrachtio cynnwys y gwydr. Yn raddol bach, gyda threigl y blynyddoedd, fe aeth hi'n ddefod mwy plygeiniol. Hepgorwyd y tymblyrs bychan am rai llawer iawn mwy. Erbyn i mi gyrraedd blwyddyn fy lefel O roedd y *nightcap* yn rhan o'r brecwast. Wyddai Mam ddim fy mod yn gwybod, ond mi fedra i hyd y dydd heddiw adnabod arogl wisgi o bell. Cefais fy magu yn ei ddrycsawr.

Cariais y poteli i gyd i'r gegin. Tolltais gynnwys pob potel – poteli gwin, wisgi, gin, sieri, brandi, martini – i lawr y sinc. Ogleuai'r gegin fel bragdy a chodai'r pwys mwyaf arna i. Er fy mod innau'n hoff o yfed, fedrwn i ddim deall sut y gallai rhywun deallus fel Mam suddo mor ddwfn i grafangau alcohol. Tramps a charidýms oedd alcoholics. Fe wyddai pawb hynny, siŵr iawn.

Dwn i ddim ai'r arogl neu sŵn y poteli'n canu wrth gael eu taro yn erbyn ei gilydd a ddenodd

Mam i'w llusgo ei hun o'r stydi i'r gegin. Edrychai fel rhith yn ei choban wen. Roedd ei llygaid ar dân.

'Be goblyn wyt ti'n neud?'

Dychrynais wrth weld yr olwg orffwyll yn ei llygaid.

'Trio'ch helpu chi, Mam.'

'Dwyt ti ddim yn fy nhrystio i, nagwt!'

Poerodd y geiriau fel neidr wedi'i chynddeiriogi, a syllais arni'n gegrwth cyn sibrwd, 'Ofn i chi gael eich temtio ydw i, Mam.'

'Yli, dwyt ti na neb arall yn cael deutha fi sut i fyw fy mywyd fy hun. Wyt ti'n dallt?'

Codais innau fy llais yn fy rhwystredigaeth.

'Nacdw, dwi ddim yn dallt. Dwi ddim yn dallt pam eich bod chi isio yfed eich hun i farwolaeth. Os 'di'r ddiod ddim yma, fedrwch chi mo'i hyfad.'

'Pryd nei di ddysgu i beidio ag ymyrryd?'

Edrychodd arnaf yn hir, cyn ymlwybro yn ôl i'r stydi gan rwgnach dan ei gwynt. Yr unig beth y deallais hi'n ei ddweud oedd, 'Gadwch blydi lonydd i mi.'

Nid dyna'r tro cynta iddi fy nghyhuddo i o ymyrryd. Dyna'r hyn roeddwn i wedi bod iddi hi erioed, yn sicr ers i Dad farw. Ymyrraeth. Fi oedd yr ymyrraeth anghyfleus oedd yn nadu iddi ailddechrau byw. Ers iddi briodi roedd hi wedi ei chondemnio i fod yn fam ac yn wraig tŷ. Nid oedd lle iddi fod yn hi ei hun. Doedd gwragedd a mamau ifanc dosbarth canol Caerdydd yn ystod y chwedegau ddim yn mynd allan i weithio os nad oedd rhaid. Yr unig ferched eraill a âi allan i weithio oedd 'y ffeminists'. Gair budr, yn ôl Mam. Lle'r fam oedd bod gartre efo'r plant. Pan fu farw Nhad, bu'n rhaid i Mam wynebu'r byd mawr tu allan. Sortio biliau, gwagio biniau, torri'r lawnt, llenwi'r car â phetrol. Er bod yn gas gan Mam yrru, roedd ganddi feddwl y byd o'r Triumph Herald bach a fyddai, yn ei thyb hi, yn medru troi ar bishyn chwech. Mam, yn ei Thriumph bach gwyn, oedd y ferch gyntaf i groesi'r drosffordd newydd yn Gabalfa. Roedd hi ar ei ffordd at y deintydd yn gynnar un bore, a chan mai hi oedd y gyntaf i groesi'r ffordd newydd fe dynnwyd ei llun. Bore drannoeth wele hi, yn y Triumph bach, ar dudalen flaen y *Western Mail*. Pe byddai'r ffotograffydd diniwed ond yn gwybod, roedd lefel yr alcohol yng ngwaed y ddynes fach dwt y tu ôl i'r llyw yn sicr yn llawer uwch na'r hyn a ganiateid.

Yn y cyfnod hwnnw fe feiriolodd ei hagwedd gwrth-ffeministaidd fymryn. Dechreuodd gael blas ar fywyd, ac ar hynny o ryddid oedd yn bosib i fam sengl. Fi oedd yn sefyll rhyngddi hi a'i hannibyniaeth.

Bu Mam yn warchodol iawn ohonof am sbel ar ôl i Mei farw. Chawn i ddim mynd allan o'i golwg rhag i rywbeth ddigwydd i mi. Ar ôl i Dad farw, fodd bynnag, fe laciodd ei gofal. O edrych yn ôl, roeddwn i'n rhyw lun o fwynhau yr holl sylw a gawn yn yr ysgol. Roedd llygaid tosturiol yr athrawon i gyd yn gwenu arnaf. Leusa fach a gollodd ei brawd a'i thad o fewn blwyddyn i'w gilydd. Bechod! Roeddwn i'n wahanol, roeddwn i'n arbennig. Ac eto, nid dyna realiti bywyd gartre. Crefwn am yr un sylw yno ag a gawn yn yr ysgol. Fe wnawn rywbeth i godi gwên ar wyneb Mam, i'w chael yn effro ac yn sobr. Ond dro ar ôl tro, cadarnhawyd fy ofnau mai ymyrraeth oeddwn i iddi.

Fe ddeuai sawl dyn priod i ymweld â Mam yn y blynyddoedd ar ôl i Dad farw. Dod yno i ffugio cydymdeimlad, tra gafaelent ynddi fymryn yn hirach nag oedd rhaid. Deuai un yn amlach na'r lleill. Roeddwn i'n ei adnabod o. Roedd o'n flaenor yn y capel. Fe ddois yn un o gwsmeriaid ffyddlonaf *Eve's* yn y cyfnod hwnnw. Sawl gwaith y cefais arian mân yn fy llaw gan ymwelwyr Mam er mwyn i mi fynd i'r siop i brynu da-da, a Mam yn fy annog yn eiddgar i fynd i fyny'r allt i ofyn i Steven ddod efo fi i gadw cwmni i mi? Steven! Cyn i Mei farw, chaen ni ddim chwarae efo plant teulu'r Gillespies. Doedden nhw ddim yn siarad Cymraeg! Felly pam roedd Mam rŵan yn fy hwrjio i fynd i gael cwmni Steven Gillespie? Mae'n rhaid bod gan y blaenor a hithau bethau pwysig iawn i'w trafod; pethau na fedrai hogan fach bron yn ddeuddeg oed eu deall. Roedd yna lawer nad oeddwn i'n eu deall yr adeg honno, ond doeddwn i ddim yn dwp, chwaith.

Roedd Steven yn bedair ar ddeg oed, dros ddwy flynedd yn hŷn na fi, ac yn mynd i ysgol Cardiff High. Arferai basio Mei bob bore pan fyddai Mei yn disgwyl am y bws i fynd i Rydfelen. Cyfaddefodd Steven wrthyf, iddo fo a'i ffrindiau herio Mei yn gyson, a'i wawdio am fod yn 'Welshy!' Roedd marwolaeth Mei wedi bod yn groes anodd iddo'i hysgwyddo. Fe wnâi unrhyw beth i mi. Deuai efo fi i'r siop. Prynwn i'r sigaréts, gan smalio mai i Mam oedden nhw, yna fe stelciai Steven a finnau y tu ôl i'r siop er mwyn i mi dagu ar fy nghynigion cyntaf ar ysmygu. Cysgodai'r ddau ohonom ar hen soffa frown o dan risiau'r *maisonnettes* uwchben. Y ddau ohonom yn eistedd yn agos agos er mwyn osgoi'r sbrings rhydlyd a rwygai drwy ddefnydd melfaréd llaith yr hen soffa. Roedd cefnau'r siopau yn domen sbwriel o le, a ninnau fel dau leidr yn cuddio ynghanol ein hysbail o hen weiarles, sgerbwd o bram, bagiau bin a chratiau Corona.

Âi'r tripiau hynny i *Eve's* efo Steven yn bethau cyffredin bob nos Wener a phrynhawn dydd Sadwrn, ac yn amlach fyth yn ystod gwyliau'r ysgol. Roedd tanio'r fatsien a gweld blaen y sigarét yn cochi wrth i mi dynnu arni yn rhoi gwefr. Roedd ei heffaith hyd yn oed yn well. Fe deimlwn yn chwil ar ôl tynnu arni, mor chwil ag y byddwn ers talwm pan fyddai Mei yn fy nhynnu rownd a rownd nes i'r ddau ohonom syrthio'n bentwr pifflyd ar lawr.

Roedd y sigaréts a chwmni tawel Steven yn lleddfu rhywfaint ar fy unigrwydd. Y cyfan a wnâi Steven fyddai aros i mi orffen fy sigarét er mwyn cael sws; cusan oedd yn dafod i gyd, a finnau'n ddistaw bach yn meddwl i mi fy hun – oedd rhywun fod i fwynhau hyn? Fe fyddwn yn cau fy llygaid gan geisio smalio mai David Essex oedd o. Ond ymestyn ffiniau dychymyg oedd hynny braidd. Roedd Steven yn greadur heglog a'i wallt du seimllyd fel cyrtans yn cuddio'i wyneb llwyd, dolefus. Gyda phob ymweliad â chefn siop *Eve's* fe âi ychydig yn fwy hyf. Weithiau, tra tynnwn ar y sigarét fel tasa hi'r sigarét ola ar wyneb y ddaear, fe lithrai ei law i fyny o dan fy mlows a dechrau mwytho'r bronnau nad oedd eto wedi cyrraedd eu llawn dwf. Gwyddwn mai math ar ymyrraeth oedd hyn ganddo, ond gadawn iddo gario 'mlaen. Roedd gen i empathi ag unrhyw un fyddai'n ymyrryd. Cri am help oedd o, a gwyddwn fod colli Mei wedi bod yn hunllef iddo yntau.

Roeddwn i'n rhyw lun o ddeall teimladau Steven, heb aros am ennyd i ystyried fy rhai i. Gwyddwn hefyd nad oedd pethau'n dda rhyngddo fo a'i dad, ond wyddwn i ddim pam, oherwydd gwrthodai sôn amdano. Beth oedd o'i le ar adael iddo fodio fy mrestiau bychain twt os oedd hynny'n rhoi pleser iddo? O leiaf roeddwn i'n cael cario 'mlaen i chwythu cylchoedd mwg, ac roedd gen i gwmni, oedd yn ganmil gwell na bod ar fy mhen fy hun.

O dipyn i beth, ar ôl blino ar fy mronnau, fe fyddai ei law fach grynedig yn dringo fy nghoes, gan grwydro fymryn yn uwch bob tro. Ceisiwn ei anwybyddu drwy danio sigarét arall, ond euthum yn fwy cyndyn o fynd am dro i *Eve's* efo fo pan ddechreuodd stwffio'i fysedd chwyslyd o dan fy nicyr. Dechreuais ei osgoi. Dihengais rhag ymyrraeth Steven yn ôl i fod yn ymyrraeth lawn amser i Mam a'i hymwelwyr. Dechreuais wrthod y pres poced gan y blaenor, ac edrychai hwnnw arnaf ag atgasedd a rhwystredigaeth enbyd. Doedd Mam ddim yn deall pam nad oeddwn i'n awyddus i fynd i'r siop, neu draw at Steven i gael cwmpeini. Feiddiwn i ddim esbonio iddi. Oeddwn, roeddwn i'n unig, ond ddim mor unig â hynny.

*   *   *

Dwn i ddim am faint y bûm yn fy nghwman ar lawr cegin Eiriannell a'm pen yn fy nwylo yn synfyfyrio am y gorffennol. Wyddwn i ddim beth i'w wneud nac at bwy i droi. Beth ddigwyddodd i'r Leusa hyderus, fedrus, lwyddiannus? Ymfalchïwn ar un adeg yn y ffaith fy mod yn berson y medrid dibynnu arno i ddelio ag unrhyw sefyllfa heb gynhyrfu dim. Sicrhaodd Mam fy nghwymp. Doeddwn i ddim wedi llwyddo i'w rhwystro hi rhag mynd yn gaeth i alcohol. Teimlwn yn fethiant llwyr. Yr unig beth y gwyddwn i yr adeg honno oedd fy mod yn casáu fy mam, yn fy nghasáu fy hun a phawb arall o'm cwmpas. Bûm ar hyd y blynyddoedd yn gweddïo y byddai hi'n rhoi'r gorau i yfed, ond yno ynghanol drewdod yr alcohol o'm cwmpas gweddïais ar y Duw na chredwn ynddo y byddai hi'n ei hyfed ei hun i farwolaeth. Faint roeddwn i wedi poeni amdani yn ystod y blynyddoedd diwethaf, wedi crio o'i hachos hi, ei dwrdio hi, sgrechian arni, rhegi arni, gweiddi bygythiadau arni, ceisio rhesymu â hi, pledio arni i beidio a gyrru . . .? A throeon eraill wedi ei chysuro, wedi gwneud esgusion drosti, ceisio ei bwydo, yfed efo hi er mwyn iddi feddwi llai, clirio'i llanast hi, ei ffonio hi er mwyn ceisio dyfalu ym mha gyflwr roedd hi, ac o ganlyniad roeddwn wedi gwneud llanast llwyr o'm perthynas â'm gŵr, ac wedi bod yn flin efo Iolo heb reswm. Roeddwn yn methu canolbwyntio ar fy ngwaith, ac yn ffugio hapusrwydd gyda'm ffrindiau . . .

Fedrwn i ddim cymryd dim mwy. Agorais fy mag er mwyn chwilio am sigarét. Tynnais y paced allan ac yna twriais yn ddyfnach i'r bag i chwilio am fatsys. Wrth wneud hynny fe ddes ar draws y pamffled Al-Anon a roddodd Paul i mi. Crynai'r daflen werdd yn fy nwylo. Darllenais ei glawr: *Freedom From Despair*. Cynigiai'r pamffled gymorth i wŷr, gwragedd, perthnasau neu ffrindiau agos i alcoholics. Ni wyddwn ai angen Al-Anon yr oeddwn i, ynteu seiciatrydd. Yr unig beth y gwyddwn i sicrwydd oedd fy mod fel plisgyn ŵy ar fin cracio; roedd yna deimladau ac emosiynau y byddai'n rhaid eu deor. Byddai'n rhaid wynebu fy nemesis gwaethaf, sef trafod fy nheimladau. Roedd yn rhaid i mi gael siarad â rhywun. Rhywun diarth. Rhywun na fyddai'n fy marnu am fod mor wan.

Cydiais yn y ffôn yn grynedig a deialu rhif yn Llundain. Cefais wybod gan y llais bod cyfarfodydd yn cael eu cynnal yng Nghaerdydd dair gwaith yr wythnos, a bod yna un y noson honno am wyth. Roeddwn yn gyfarwydd â'r cyfeiriad a roddodd i mi, ac am chwarter i wyth estynnais fy nghôt a dweud wrth Mam fy mod yn mynd allan am awran. Dychwelais i'r gegin a phetrusais am ennyd. Roedd tair potel yn sefyll yn herfeiddiol bryfoclyd wrth sinc y gegin. Cariais nhw yn ôl i'r parlwr a'u rhoi yn eu lle ar silff wag y ddreser. Caeais ddrws y ddreser yn glep arnyn nhw. Rhwng Mam a'i phethau os oedd hi am eu hagor. Mentrais yn ôl i'r stydi i ofyn i Mam a oedd angen rhywbeth arni cyn i mi fynd, ond roedd hi eisoes wedi troi am y pared ac wedi llwyddo i ddwyn mymryn o gwsg.

Parciais y car wrth afon Taf yng ngolwg Parc yr Arfau, fel yr oedd bryd hynny. Eisteddais yno am ennyd yn edrych ar yr hen eglwys a newidiwyd yn ganolfan gymunedol. Gwyliais ddrws y ganolfan fel barcud. Safai dyn main mewn côt law lwyd ddi-siâp dan y wal yn cysgodi rhag y smwclaw, gan dynnu ar y stwmpyn sigarét oedd rhwng ei fys a'i fawd. Roedd golwg flêr arno ac rwy'n siŵr na welsai'r gôt sebon golchi ers blynyddoedd. Roedd y dyn yma'n cadarnhau fy rhagfarnau bod alcoholics yn perthyn i fyd gwahanol i'm byd i. Ac eto roedd fy myd i'n bell o fod yn un llewyrchus, waeth beth fo fy nghefndir a 'nghyfri banc. Roeddwn rhwng dau feddwl p'un ai troi am adref neu wynebu'r drin. Doedd gen i ddim byd i'w golli. Penderfynais roi un cynnig arni. Byddai'n anodd i mi fynychu cyfarfod fel hwn yn y gogledd gan y byddai'n rhaid i mi ofyn i Bethan warchod Iolo bob tro. Byddai hi am wybod i ble roeddwn i'n mynd. A sut oedd esbonio i'm mab bach i ble roedd ei fam yn mynd?

Cyfrais i ddeg, camu allan i ddannedd y gwynt a phoer y glaw, cloi'r car a chroesi'r ffordd. Anwybyddais y llipryn llwyd wrth y drws a mynd i mewn. Gwelwn ystafell fawr â llawr pren, a dau lefnyn ifanc yn chware pŵl yn ei phen draw. Roedd oglau'r lle yn f'atgoffa o Aelwyd yr Urdd ers talwm, pan fyddai Catrin a minnau'n sleifio draw i dafarn y Conway am hanner seidr bach slei, cyn rhuthro'n ôl i ddiddosrwydd parchus yr Aelwyd gan sugno'r Consulates ar y ffordd rhag i Gwynedd, yr arweinydd, amau. Doedd Gwynedd ddim yn dwp. Gwyddai'n iawn i ble y byddem yn mynd, ond chwarae teg iddo ni chymerodd arno erioed.

Cofiais fel y byddai Wyn, y bûm yn ei ffansïo am fisoedd, yn dweud wrtha i yn nhafarn goffi'r

Aelwyd fod sigaréts menthol yn gallu achosi i ferched fethu â beichiogi. Mwy o reswm i'w hysmygu, meddwn innau wrtho'n bryfoclyd. Roeddwn i'n geg i gyd yr adeg honno, ond dim ond blas ar honno gafodd Wyn druan. Doeddwn i ddim yn ddigon siŵr a oedd modd dibynnu ar ei honiad am y Consulates.

Edrychais o'm cwmpas a gweld drws oedd yn gilagored. Roedd darn papur wedi melynu arno yn dweud Alcoholics Anonymous. Petrusais. Nid i fanno roeddwn i am fynd. Doedd gen i ddim problem yfed. A oedd y llais ar y ffôn wedi fy nghamarwain? Daeth merch tua'r un oed â fi, a chanddi fodrwy yn ei thrwyn, at y drws a'm cyfarch yn siriol.

'*I'm looking for Al-Anon.*'

Gwenodd arnaf a phwyntio at y grisiau.

'*It's upstairs, love. First on the right.*'

Diolchais iddi cyn dringo'r grisiau a'm coesau fel jeli.

Roedd pump o bobl yn y groglofft fechan ar ben y grisiau. Pedair merch ac un bachgen. Roedd y bachgen, na fedrai fod llawer mwy nag ugain oed, yn paratoi paneidiau wrth fwrdd fformeica coch. Daeth gwraig smart ganol oed ataf a'i chyflwyno'i hun fel Margaret. Gwahoddodd fi i eistedd gyda'r gwragedd eraill a chynigiodd baned i mi.

'*Is this your first time, Eliza?*'

Doedd gen i ddim calon i'w chywiro ar ynganiad fy enw. Dywedais wrthi nad oeddwn wedi mynychu un o'r cyfarfodydd hyn erioed o'r blaen ac nad oeddwn yn siŵr beth i'w ddisgwyl. Teimlwn fel hogan fach yn dechrau ysgol newydd heb ffrind yn y byd. Edrychai'r lleill mor gartrefol yma. Roedd pawb yn sgwrsio a rhai hyd yn oed yn chwerthin. Daeth y bachgen ifanc, sef Andrew, â phaned draw i mi ac eistedd gyferbyn. Nid oedd sôn am y llipryn llwyd. Tybiwn ei fod wedi mynd i'r cyfarfod AA i lawr grisiau.

Dechreuodd Margaret y cyfarfod gan ofyn i Jackie ddarllen o lyfryn bychan clawr caled oedd gan bob un ohonyn nhw – *Courage to Change*. Rhannodd Margaret ei chopi hi â mi. Roedd y llyfr wedi ei rannu fesul diwrnod. Darllenodd Jackie'r dudalen berthnasol. Ymdebygai'r cynnwys i 'Munud i Feddwl' ar Radio Cymru, a soniai'r darn a ddarllenwyd am y pwysigrwydd o gael agwedd bositif. Haws dweud na gwneud! Yna gofynnwyd i ni ddarllen y 'twelve steps', un ar y tro, a sylweddolais y byddai'n rhaid i mi ddarllen yn uchel. Ni thelais unrhyw sylw i'r hyn oedd y lleill yn ei ddarllen, dim ond ceisio cyfrif ymlaen at fy ngham i. Bu'n rhaid i mi ddarllen dau gam o'r deuddeg. Doedd gen i ddim syniad beth roeddwn i wedi ei ddarllen, dim ond bod 'na lawer gormod o sôn am Dduw. Oeddwn i wedi ymuno â sect grefyddol neu'r 'happy clappies', ch'adal Paul? Ar yr olwg gyntaf ymddangosai'r holl beth yn hynod o grefyddol, ond sylweddolais, er na ddeallais yn iawn, fod y 'Duw' hwn yn rhywun neu yn rhywbeth y dymunwn iddo fod. Doedd dim rhaid iddo fod yn ddyn mawr barfog yn eistedd ar ben cwmwl yn chwifio'i fys yn feirniadol.

Y noson honno, yr unig un o'r camau y gallwn i

uniaethu ag o yn iawn oedd y cyntaf, a ddarllenwyd braidd yn aneglur gan Andrew. Siaradai fel pe bai ganddo ddeilen ar ei dafod. Dechreuais feddwl am yr ymarferiadau y gallwn eu defnyddio gydag o i atal ei nam lleferydd, ond wrth wneud hynny fe'm trawyd yn sydyn gan yr hyn roedd Andrew wedi ceisio ei ddarllen. Dywedai cam cyntaf y deuddeg fod angen cyfaddef nad oedd gennym unrhyw bŵer dros alcohol, a bod ein bywyd bellach yn anodd i'w drin. Doedd dim cwestiwn nad oedd gen i unrhyw bŵer dros alcoholiaeth Mam, a bod fy ymdrechion i orchfygu'r gwenwyn oedd yn ei lladd yn raddol bach yn ddi-werth ac yn fy lladd innau hefyd.

Wrth i mi resymu'r pethau hyn yn fy mhen clywais Margaret yn gofyn, *'Who would like to share?'*

Doeddwn i ddim yn siŵr iawn am beth roedd hi'n sôn. Swniai'n debyg iawn i wahoddiad i rannu sbliff, ond roeddwn yn amau'n gryf ai dyna oedd ei bwriad. Un wrth un dechreuodd y cwmni bychan yn y groglofft rannu eu profiadau diweddaraf. O fewn dim roeddwn wedi llwyr ymgolli yn eu hanesion. Adroddai'r rhan fwyaf ohonynt sut wythnos y bu hi iddyn nhw, a synnais cyn lleied y cyfeirient at yr alcoholig yn eu bywyd; roedden nhw i gyd yn canolbwyntio ar eu hymddygiad nhw'u hunain mewn gwahanol sefyllfaoedd. Daeth tro Margaret.

'I'm afraid Lloyd has started drinking again.'

Daeth ochneidiau cydymdeimladol o du'r pedwar arall. Aeth yn ei blaen i esbonio i mi fel aelod newydd sut y bu Lloyd ei gŵr yn sych ers chwe mis, ond ei bod wedi cyrraedd adref o'r cyfarfod yr wythnos diwethaf a'i gael yn feddw. Cyfaddefodd iddi deimlo elfen o ryddhad ei fod wedi ailgychgwyn yfed, ac edrychais arni'n hurt. Oedd hon yn gall? Onid oedden ni i gyd yno i ddarganfod ffordd i atal yr alcoholig yn ein bywyd rhag yfed? Aeth Margaret yn ei blaen i esbonio bod rhywun yn aml yn sylweddoli bod person yn dioddef o alcholiaeth, nid yn gymaint oherwydd ei ymddygiad o, ond oherwydd ymddygiad y wraig, neu'r fam, neu bwy bynnag oedd yn gofalu amdano. Y munud roedd Lloyd wedi rhoi'r gorau i yfed, roedd hi ar goll yn llwyr. Roedd hi wedi gorfod addasu a dysgu byw o'r newydd bron gymaint â fo, a wyddai hi ddim yn iawn beth oedd ei swyddogaeth fel gwraig iddo bellach. Roedd hi wedi treulio deng mlynedd ar hugain o fywyd priodasol cythryblus yn ymbil arno i roi'r gorau i yfed ac yn ceisio cuddio'i salwch rhag eraill, a'r munud y rhoddodd o'r gorau iddi, teimlai'n hollol ddiwerth. Wyddai hi ddim beth achosodd iddo ddechrau yfed eto, ond ar ôl yr ail noson fe ddarllenodd egwyddorion Al-Anon a gofyn iddo adael tan y byddai'n gwella. Nid oedd hi wedi ei weld ers hynny.

Roeddwn yn gegrwth. Sut y gallai'r ddynes yma a fynnai ei bod yn caru ei gŵr ei daflu allan ar y stryd yn y cyflwr yna? Aeth ymlaen i esbonio mai un o wersi Al-Anon oedd bod yn rhaid inni ddysgu'n hatgoffa'n hunain yn ddyddiol o egwyddorion y gymdeithas, ac mai '*Detach with love*' oedd un o'r rhai pwysicaf os oedden ni a'r alcoholig yn ein bywyd am gael iachâd. Diolchodd i bawb am wrando.

'*Would you like to share, Eliza?*'

Fe'm brawychwyd gan ei chais, er nad oedd gorfodaeth ar neb i siarad, gwyddwn y byddai'n rhaid i mi ddweud rhywbeth ar ôl yr ymdrech fawr i fynd yno. Doedd gen i ddim syniad beth fyddai'n dod allan. Yr unig beth y gwyddwn yr eiliad honno oedd bod cynddaredd einioes yn mudlosgi o'm mewn. Roeddwn yn dechrau difaru dod. Llyncais fy mhoer a chrensian fy nannedd, a'r hyn a glywais fy hun yn ei ddweud oedd, *'My name is Leusa...'* Daeth cryndod i'm llais. *'... and my mother is an alcoholic...'*

Fe'm harswydwyd gan fy niffyg hunanreolaeth. Powliodd y dagrau'n ddilyw i lawr fy ngruddiau a rhoddais fy mhen yn fy nwylo.

'Don't worry, we've all cried here,' meddai rhywun. Codais fy mhen ac yn araf bach fe es yn fy mlaen.

'I'm here because I want you to tell me how to stop her drinking.'

Gwenodd Margaret arnaf a dweud mai dyna un o'r gwyrthiau roedden nhw i gyd yn gobeithio'i chael wrth ddod i Al-Anon y tro cyntaf, ond nad dyna fwriad y gymdeithas. Mi allai Al-Anon fy nghynorthwyo i edrych ar fy sefyllfa o safbwynt gwahanol, ac felly lleihau fy mhryderon. Gydag amser byddai'r boen, yr unigrwydd a'r cywilydd yn pylu, ac fe allwn wella a newid fy mywyd. Roedd mwy o obaith i Mam roi'r gorau i yfed pe bawn innau hefyd yn fodlon newid. Ond doedd gen i na neb arall y pŵer i'w pherswadio hi i roi'r gorau iddi.

Ddywedais i ddim gair arall, dim ond snwffian fy niolch iddyn nhw am wrando.

Daeth tro Andrew. Roedd pawb arall a siaradodd yn wraig, yn fam, neu yn chwaer i alcoholig. Andrew a fi oedd yr unig blant i alcoholics. Gwrandewais ar ei stori. Esboniodd fod ei dad yn alcoholig, a'i fod yn unig blentyn. Roedd ei fam wedi gadael y cartref dair blynedd ynghynt, ac nid oedd wedi cysylltu â'i mab na'i gŵr ers hynny. Roedd storïau Andrew am antics ei dad a'r modd yr oedd yn ei gam-drin yn ddigon i godi gwallt fy mhen. Roedd byw gyda'i dad fel byw ar ymyl dibyn, ac ni wyddai pryd y byddai'r dibyn hwnnw'n rhoi odano.

Wrth wrando arno'n dweud ei hanes mor ddidaro, cywilyddiais. Roedd fy mherthynas i â Mam yn nefoedd o'i chymharu ag uffern ei fywyd cartref o. Ond roedd gan bob un ohonom ni yn y groglofft fechan y noson honno un peth yn gyffredin; roedd alcoholiaeth person oedd yn agos atom wedi ein cyffwrdd mewn ffordd ddinistriol. Edrychais ar daflen o fy mlaen a gweld ei fod yn cadarnhau hyn, gan ddweud mai dim ond rhywun oedd wedi byw efo alcoholig ac oedd wedi profi'r gofid meddwl a ddeuai law yn llaw â hynny, a fedrai uniaethu â pherthynas yr alcoholig a deall ei broblemau. Wrth i ni rannu ein profiadau a'n gobeithion teimlais ryw agosatrwydd rhyfedd at y bobl yma nad oeddwn erioed wedi dod ar eu traws cyn heno.

Ar ddiwedd y cyfarfod safodd pawb ar ei draed, dal dwylo a chydadrodd y 'serenity prayer' a argraffwyd ar gerdyn ar y bwrdd coffi o'm blaen.

God grant me the serenity to accept the things I cannot change, courage to change the things I can, and wisdom to know the difference.

Roedd ein lleisiau fel un, ac am y tro cyntaf ers tro byd, teimlais y wefr o berthyn. Doeddwn i ddim ar fy mhen fy hun. Roeddwn i wedi profi'r dŵr ac wedi sylweddoli nad oedd mor oer ag y tybiais. Dyna'r cam cyntaf. Yn bwysicach na dim roeddwn wedi rhoi'r cyfle i fy llais fy hun gael ei glywed.

Roedd y ddeuddydd nesaf a gefais gyda Mam yn ei llofft wneud yn stydi Eiriannell yn rhai a drysoraf am byth. Pe bai rhywun wedi dweud wrthyf cyn hynny y byddwn yn gorfod treulio oriau bwygilydd yn eistedd gyda hi ac yn sgwrsio, heb fedru dianc i unman, mae arna i gywilydd cyfaddef y buaswn wedi meddwl am unrhyw esgus dros beidio. Fedrwn i ddim dygymod â'r celwydd, y smalio, y ffugio fod pob dim yn iawn. Fodd bynnag, roedd yna ryw lun o onestrwydd rhyngom bellach, ac roedd y diolch am hynny i raddau helaeth i Al-Anon. Nid bod mynychu'r cyfarfod hwnnw wedi bod yn iachâd gwyrthiol i mi dros nos, ond roeddwn i wedi sylweddoli nad oedd gen i mo'r gallu na'r grym i'w rhwystro hi rhag yfed. Yr unig beth y gallwn i ei wneud oedd dangos fy nghariad tuag ati orau y gallwn. Yn ôl pamffledi Al-Anon roedd yn rhaid imi hefyd ddysgu fy ngharu fy hun cyn y gallwn garu Mam yn iawn. Roedd hynny'n mynd i fod yn anoddach o beth coblyn.

Ar fore'r refferendwm daeth Yncl Eurwyn draw i'm helpu i hebrwng Mam i bleidleisio. Cymerodd taith bum munud bron hanner awr i ni. Mynnodd Mam lusgo cerdded yn fusgrell i'r bwth i nodi ei chroes. Roedd ganddi hi, hyd yn oed yn ei llesgedd, gyfraniad i'w wneud.

Ar ôl dychwelyd i Eiriannell buom yn rhoi'r byd

yn ei le, ac er mai troedio'n ofalus yr oeddem wrth
drafod ei dyfodol, roeddwn yn teimlo am y tro
cyntaf fy mod yn siarad â hi fel cyfaill, fel enaid
hoff gytûn, yn hytrach na fel mam.

'Dwi'n teimlo'n reit gry, ond 'sti be, y gair
"byth" sy'n fy mhoeni i.'

'Rhaid i chi geisio byw un dydd ar y tro, Mam,'
meddwn innau, a dyna'r ddwy ohonom yn dechrau
bloeddio canu hen gân Trebor Edwards.

Y noson cyn mentro i'r gogledd roeddwn ar
bigau'r drain. Llwyddodd Mam i godi o'i gwely a
daeth ataf i'r parlwr yn edrych fel corff.

'Dwi'n methu cysgu.'

'Ddo i atoch chi i gadw cwmni i chi,' meddwn
innau. Roedd golwg wyllt arni, a'i llygaid yn
gwibio i bob man wrth iddi afael yn dynn yn yr hen
ddreser.

'Mae 'nghroen i ar dân.'

Edrychais yn syn arni.

'Be 'dach chi'n feddwl, Mam?'

Roedd hi fel ffoadur mewn gwlad ddieithr.

'Dwi'n methu byw yn fy nghroen.'

Cyn gynted ag yr eisteddai roedd hi ar ei thraed
eto yn ceisio llonyddu. Ni wyddwn beth i'w wneud,
cymaint oedd fy awydd i leddfu ei hanghysur.
Cynigiais ffonio'r meddyg.

'Mi fydda i'n iawn mewn munud. Ges i ddwy
noson hunllefus fel hyn yn yr ysbyty.'

Rhoddais ddau barasetamol iddi, yn ymwybodol
nad oeddwn i roi gormod o dabledi lladd poen, rhag
gorlwytho'i hiau clwyfedig, ac yna mynnodd fynd
yn ôl i'r stydi ar ei phen ei hun. Gadawodd fi yn y

parlwr mewn dryswch mawr yn ceisio penderfynu a ddylwn ffonio'r meddyg ai peidio. Roedd arna i ofn gwirioneddol. Bûm i mewn ac allan o'r stydi ar flaenau fy nhraed bob dau funud drwy gydol y nos, yn chwilio am unrhyw arwyddion o ddirywiad. Fûm i erioed mor falch o weld dydd yn gwawrio ac oedd, mi roedd hi'n ddiwrnod da i Gymru. Drwy drwch blewyn roedd y Cymry, am unwaith, wedi pleidleisio'n ffafriol.

Ni soniodd Mam am y cyfnod hunllefus a gawsai'r noson cynt, ac fe wrthodais innau'r demtasiwn o fynd i weld a oedd poteli'r ddreser wedi eu hagor. Tybiais nad oeddent wedi eu cyffwrdd gan fod ei chwant bwyd dryw bach yn cynyddu fymryn. Roeddwn i'n argyhoeddedig ei bod yn cryfhau o dipyn i beth a bod ei llygaid tlws yn dechrau disgleirio eto. Daeth y nyrs yn brydlon am wyth y bore hwnnw i osod y cathetr iddi ac i'm helpu i'w rhoi yn y car. Caeais ddrws Eiriannell a dechrau'r daith hir i'r gogledd. Roeddwn wedi derbyn rhestr o gartrefi nyrsio gan Dorothy ac roedd hithau wedi nodi'r un yn Sir Fôn; roedd y gofal yn ardderchog yno, meddai hi, a phan gysylltais â'r cartref cadarnhawyd bod lle yno i Mam.

Erbyn cyrraedd Llanelwedd roedd hi'n amhosib gwrando ar Radio Cymru gan gymaint y craciau ar y lein. Roeddwn yn gyndyn o'i ddiffodd gan mor ddiddorol oedd y trafodaethau ynglŷn â'r Cynulliad. Mentrais ar sgwrs.

'Bues i'n sbio drwy luniau Mei a fi pan oeddwn i lawr ddwytha, Mam.'

Edrychodd yn dosturiol arnaf cyn dweud, 'Mi

fyddai wedi bod yn braf i chdi gael ei gwmni o rŵan. Mae'n anodd i chdi. Rwyt ti'n gorfod edrych ar f'ôl i heb help neb.'

'Nid fy mai i oedd o, w'chi, Mam.'

Crychodd ei thalcen ac edrych arnaf mewn penbleth.

'Nid dy fai di oedd be, Leusa?'

'Mei yn disgyn. Mei yn marw.'

'Wnes i erioed dy feio di, cariad bach.'

Cyffyrddodd yn fy nghoes am eiliad, cyn tynnu ei llaw esgyrnog yn ôl a'i gorffwys ar y gynfas wen a lapiwyd yn ofalus am ei chôl.

'Dwi'n cofio chi'n gweiddi arna i yn y parlwr. Roedd 'na blismones yno.'

'Nid arna chdi ro'n i'n gweiddi, Leusa. Nid arna chdi.'

'Ar bwy, 'ta, Mam? Ar Dad?'

Pletiodd ei gwefusau cyn dweud yn dawel, 'Doedd dy dad ddim yno.'

'Pwy oedd yn gafael yn fy llaw i, 'ta, Mam?'

'Yli, Leusa, mae o i gyd y tu cefn i ni rŵan. I be sy isio mynd yn ôl i godi hen grachan? Gad i betha fynd, cariad bach.'

'Dwi isio gwbod, Mam. Plîs dudwch wrtha i pwy oedd yn gafael yn fy llaw i.'

'Yncl Eurwyn.'

Roeddwn i wedi amau bod Mam yn beio rhywun am farwolaeth Mei; mae'n rhaid mai Yncl Eurwyn oedd gwrthrych ei llid. Beth wnaeth o? Beth allasai o fod wedi ei wneud i achosi i Mei foddi? Fi oedd yn y goeden efo Mei. Rhywle yn niwl fy isymwybod roeddwn i'n cofio hynny. Doedd gen i ddim cof o neb arall. A lle oedd Dad? Roedd y cwestiynau'n pentyrru yn fy mhen, a rhwng pob cwestiwn a llun fe glywn sblash y dŵr a'm llais i yn gweiddi ar fy mrawd mawr.

'Ydach chi'n beio Yncl Eurwyn am farwolaeth Mei, Mam?'

(SBLASH! MEEEEI!)

'Nacdw.'

'Dad, 'ta?'

(SBLASH! MEEEEI!)

'Nacdw. Disgyn a boddi wnaeth o. Dydw i ddim yn beio neb, Leusa.'

'Lle roedd Dad y diwrnod hwnnw, 'ta?'

(SBLASH! MEEEEI!)

Ochneidiodd Mam. Gwyddwn fod yna rywbeth mwy na marwolaeth Mei yn ei phoeni am y diwrnod erchyll hwnnw. Gwyddwn hefyd fod a wnelo ei phoen meddwl rywbeth â Nhad ac efallai Yncl Eurwyn. Gofynnais yr un cwestiwn iddi eto.

'Dwi'n gwbod 'i fod o'n brifo, Mam, ond mae o'n fy mrifo i i beidio gwbod.'

Edrychodd arna i'n hir cyn dweud, 'Mi dduda i wrthat ti ar yr amod y dudi di wrtha i wedyn be ddigwyddodd rhyngddat ti a Paul. Dwi dal ddim yn dallt pam eich bod chi 'di gwahanu, a dwi'n gwbod nad ydw i 'di cael y stori'n llawn gen ti.'

Roedd hi'n amod greulon. Roedd siarad am Paul yr un mor anodd â thrafod alcoholiaeth Mam. Ond teimlwn y byddai'n werth dioddef y boen o gyfaddef wrth Mam mai fy nhwpdra i ar noson parti Dolig y gwaith a achosodd i Paul fy ngadael, er mwyn deall rhywfaint ar ei gwrthwynebiad i siarad am fy nhad. Cytunais ar yr amod a dechreuodd Mam ar ei stori.

'Y diwrnod y bu Mei farw, dwi ddim yn gwbod os wyt ti'n cofio ond roedd y tŷ yn berwi o bobol. Mrs Mackintosh drws nesa ddoth â ti adre a hi hefyd ffoniodd yr ambiwlans. Roedd pawb yma: Yncl Eurwyn ac Anti Mair – roedden nhw'n dal hefo'i gilydd yr adeg honno – dynion yr ambiwlans, pawb yma ond dy dad. Mi roddat titha'n crio ac yn gweiddi am Dad. Nid ti oedd yr unig un oedd 'i isio fo. Dy dad ro'n i isio yn fwy na neb yn y byd. Roedd Anti Mair wedi ffonio'r BBC, gan mai dyna lle y dwedodd o roedd o'n mynd. Gwaith golygu ar raglen radio, medda fo. Wnes i 'rioed ei ama fo, ac eto, o gofio dy dad, mi ro'n i'n naïf, yn hynod o naïf. Roedd dy dad yn ddyn golygus, yn garismataidd, yn gwmni difyr. Ym mhob parti mi fyddai merched yn tyrru ato fo fel gwenyn i bot jam. Ro'n i wedi mopio fy mhen yn lân efo fo. Fe wnawn i rwbath iddo fo. Dwi'n dal i gredu 'i fod o'n fy ngharu inna hefyd, ond fel llawer o ddynion toedd un ddynes ddim yn ddigon. Mi ddaeth Anti Mair i'r parlwr a deud nad oedd o wedi bod yn y BBC o gwbl. Doedd gennon ni ddim syniad ble roedd o na sut i gael gafal arno fo. Ro'n i ei angen o, ac yn arswydo wrth feddwl torri'r newydd iddo.'

Tawodd. Ymsythodd fymryn yn ei chadair a gwelais ei bod wedi cau ei llygaid. Gallwn ddyfalu rhywfaint o'r hanes, ond sut daeth hi i wybod, a sut y derbyniodd Dad y newydd am Mei, a beth ddigwyddodd wedyn . . .? Pentyrrai'r cwestiynau fel twr jenga yn fy mhen. Llenwais y bwlch poenus iddi.

'Oedd o efo dynes arall?'

(SBLASH! MEEEEI!)

Agorodd ei llygaid dolurus.

'Oedd. Aeth Yncl Eurwyn i chwilio amdano fo, a chyn diwedd y nos fe ddaeth dy dad yn ôl. Roedd Eurwyn wedi torri'r newydd iddo fo. Fe wyddwn hynny pan gerddodd i'r tŷ. Roedd o wedi torri. Eisteddodd ar soffa'r parlwr fel clustog llipa a'r stwffin wedi ei dynnu ohono fo.'

(SBLASH! MEEEEI!)

'Wnaethoch chi ofyn iddo fo lle roedd o wedi bod drwy'r dydd?'

'Ddim iddo fo. Mi ofynnish i Eurwyn. Mae'n amlwg fod Eurwyn yn gwbod am yr affêr, neu sut ddiawl fasa fo wedi gwbod lle i gael gafal arno fo?'

'Pwy oedd hi?'

'Ysgrifenyddes Eurwyn yn y gwaith. Hogan o Fryste. Doedd hi ddim hyd yn oed yn siarad Cymraeg. Roedd dy dad wedi bod yn ei gweld ers bron i flwyddyn, ac roedd Eurwyn yn gwbod o'r dechrau – fy mrawd fy hun yn annog ei frawd-yng-nghyfraith i dwyllo ei chwaer. Ar ôl cnebrwng Mei, mi ddudish i wrth dy dad am adael. Fedrwn i ddim ceisio dygymod â marwolaeth Mei a dal i gyd-fyw ag ef.'

'Aeth o i fyw at yr hogan Bryste 'ma?'

'Naddo. Aeth o i fyw at Eurwyn a Mair. Mi ofynnodd i mi droeon am gael dod yn ôl. Mi ofynnodd Eurwyn drosto fo hefyd sawl gwaith. Ond roedd y ffaith bod Eurwyn wedi fy mradychu bron cynddrwg â brad dy dad. Roedd dy dad yn colli dy weld di yn fwy na dim, dwi'n meddwl. Ro'n i'n ystyried rhoi cynnig arall iddo pan fuodd o farw.'

(RHO I MI'R HEDD NA ŴYR Y BYD AMDANO)

Nid oeddwn yn siŵr ai o gynhebrwng Mei 'ta un fy nhad y deuai'r canu. Roedd tudalennau'r cof wedi breuo gan dreigl amser ond mynnai lleisiau'r gorffennol brocio rhywfaint ar farwydos y presennol.

(SBLASH! MEEEEI!)

Roedd y darnau'n disgyn i'w lle. Gwyddwn mai damwain oedd marwolaeth fy mrawd; doedd dim bai arna i na neb arall. Cododd euogrwydd amheuon y gorffennol oddi arnaf fel chwa o awel iach. Sylweddolais nad Mam oedd yr unig un a ddioddefodd alar am ei mab. Mae'n rhaid bod yr euogrwydd a deimlai fy nhad yn anferthol, a bod Mam hefyd yn gofidio am iddi fethu rhoi cyfle arall iddo cyn ei farwolaeth annhymig. Doedd wybod beth fu poen meddwl Yncl Eurwyn. Daeth chwerthiniad chwerw Mam i rwygo'r distawrwydd.

'Mae bywyd yn greulon, Leusa fach, ac mi rw't titha'n diodda fath â finna rŵan. Petha anwadal iawn ydy dynion.'

Daeth fy nhro innau i ddatgelu cyfrinach, wrth groesi'r bont yng Nghaersws, a bu'n rhaid i Mam sylweddoli bod 'na dipyn o Nhad ynof innau. Petha anwadal iawn ydy merched hefyd.

Bu Mam ym Mhlas y Gwenyn yn Sir Fôn am dair wythnos. Roedd ganddi focs esgidiau o lofft, ond un ddigon cyfforddus, yn wynebu pier Bangor a mawredd Eryri. Wrth nesáu at Bont y Borth bob dydd fe fyddwn yn gweld yr adeilad hynafol fel rhyw ddeinosor mawr llwyd yn llechu yn y coed yr ochr arall i'r Fenai. Roedd mawredd y lle o bell, a'r grisiau mawr llydan a'r paneli coed tywyll yn ei grombil yn codi ofn anesboniadwy arnaf. Ni chrybwyllais fy nheimladau wrth Mam, dim ond canmol y lle orau y gallwn. Er mai arbenigo mewn therapi iaith i blant oeddwn i, roedd gen i rywfaint o brofiad o gartrefi nyrsio'r ardal a gwyddwn fod hwn yn dipyn mwy moethus na'r rhan fwyaf a welswn cyn hynny.

Gwrthododd Mam yn lân â chael ei chario i lawr i'r lolfa at yr hen bobl eraill, a gallwn ddeall ei hagwedd yn iawn.

Eisteddai'r rhan fwyaf o drigolion y cartref yn froc môr digalon yn wynebu'r Fenai. Fedren nhw ddim gweld yr olygfa odidog o'u blaenau gan eu bod yn eistedd yn grwm yn eu cadeiriau yn glafoerio ac yn cysgu bob yn ail. Pa fath o sgwrs fyddai Mam, oedd dros ugain mlynedd yn iau na'r rhan fwyaf ohonynt, yn ei chael â'r trueiniaid hyn? Sleifiwn heibio'r lolfa bob dydd ac i fyny i'w llofft fyglyd. Byddai Iolo'n dod gyda mi weithiau pan fyddwn yn ymweld â hi fin nos. Roedd Mam wrth ei bodd yn ei weld a byddai'r ddau yn sgwrsio'n braf tra casglwn innau ei dillad nos budron i fynd adre i'w golchi. Am ryw reswm doedd Mam ddim eisiau i staff y cartref eu golchi.

Gofid pennaf Mam yn ystod ei chyfnod ym Mhlas y Gwenyn oedd ei chardiau a'i hanrhegion Nadolig. Byddai fel arfer yn flinderus o drefnus ac wedi gwneud y rhan fwyaf o'i siopa Nadolig yn yr Eisteddfod Genedlaethol, ond gan na fu'n ddigon da i fynd yno y flwyddyn honno nid oedd wedi paratoi o gwbl ymlaen llaw. Bu'n rhaid i minnau wneud y siopa drosti, a hithau'n arwyddo'r cardiau mewn llawysgrifen oedd fel weiran bigog ddu ar gae eira gwyn y ddalen. Sylweddolais am y tro cyntaf ei bod yn dechrau ffwndro. Mynnai gyfeirio dau neu dri cherdyn Nadolig at yr un bobl, a cheisiais innau'n ddistaw bach ofalu mai un cerdyn a gâi pawb ganddi.

Galwais yn y cartref un bore ar fy ffordd i ymweld â phlentyn mewn ysgol gyfagos, a chael ei llofft yn wag. Wrth gerdded y coridorau'n chwilio am rywun i'w holi, gwelais fod drws mawr derw yn gilagored. Gwyddwn ar amrantiad fod Mam yno gan i mi ei chlywed yn griddfan. Rhoddais fy mhen o amgylch y drws ac fe'm harswydwyd wrth ei gweld yn noeth ac wedi ei rhwymo mewn cadach mawr gwyn, a hwnnw'n crogi o bolyn mawr metal uwchben bath o ddŵr cynnes. Roedd hi fel anifail gwyllt wedi ei rwydo, a'i choesau esgyrnog yn pendilio'n bathetig ddiamddiffyn fel pe bai mewn crafangau aderyn ysglyfaethus. Roedd hi'n cnewian

yn swnllyd fel y gwylanod y tu allan wrth iddi gael
ei winsio i lawr i'r dŵr islaw yn araf gan ddwy nyrs.
Ymlithrais oddi yno'n llechwraidd rhag i'r ffaith i
mi ei gweld godi mwy o gywilydd arni. Gwyddwn
na fyddai ddim balchach o'm tosturi. Roedd y darlun
hwnnw ohoni yn hofran mor ddiymgeledd uwchben
y bath yn un a fynnai godi ei ben yn wawdlyd
ddidrugaredd am gyfnod maith wedyn.

Yr hyn y cydiai Mam ynddo fel gelen oedd y
gobaith y câi ddod i dreulio'r Nadolig efo Iolo a fi
cyn dychwelyd i Gaerdydd. Un noson tra oedd Paul
yn cyrchu Iolo i ymarfer pêl-droed fe biciais i'r
cartref i'w gweld.

'Dwi'n benderfynol o gael dod acw dwrnod
Dolig, Leusa. Dio'm ots gen i be maen nhw'n
ddeud yn fa'ma.'

Roeddwn i'n amau'n fawr a fyddai'n ddigon da i
ddod.

'Sut faswn i'n eich cario chi fyny'r grisiau i'r tŷ,
Mam?'

'Mi gaiff Paul helpu.'

Edrychais arni'n syn. Doeddwn i ddim wedi
trafod y Nadolig efo Paul eto. Tybiwn y byddai'r un
peth yn digwydd â'r llynedd, sef bod Iolo efo fi
drwy'r dydd ac yna gyda Paul fin nos a thrwy
ddydd Gŵyl San Steffan. Doeddwn i ddim wedi
rhagweld y posibilrwydd y byddai Paul yn rhannu
diwrnod Dolig efo Iolo a finnau, er y gwyddwn mai
dyna fasai'n plesio Iolo yn fwy na'r un anrheg.
Gwyddwn ym mêr fy esgyrn mai dyna fyddai'n
lleddfu cur y Nadolig i minnau hefyd. Er ei

gwaeledd roedd Mam yn ddigon craff i fedru darllen fy meddwl.

'Dwi'n siŵr fod gan Paul fwy o allu maddau nag oedd gen i efo dy dad, ond mae'n rhaid i ti roi'r cyfle hwnnw iddo fo. Mi rwyt ti'n styfnig ac yn bengalad, Leus; mi rwyt ti wedi etifeddu hynny gen i, mae gen i ofn . . . Wyt ti wedi siarad efo fo?'

'Do.'

'Siarad go iawn?'

'Wel . . . Dwi wedi trio, ond mae o'n brifo, Mam.'

'Ddim hannar cymaint ag y mae o'n ei frifo fo, del bach. Mae gynno fo ei falchder hefyd, cofia. Siarad efo fo.'

'Iawn, iawn, ocê.'

'Heno.'

'O, dwn i'm, Mam.'

'Heno, Leusa. Dwyt ti ddim yn gwbod be sy rownd y gornal. Mi allasa fo ddisgyn yn gelain fory nesa fatha dy dad, a dwi'n deuthat ti rŵan, peth cythreulig ydy teimlo'n edifar am rwbath weddill dy fywyd. Dwi'm isio i chdi ddod yma i 'ngweld i eto tan y byddi di wedi siarad yn iawn efo fo. Ti'n dallt?'

'Blacmel ydy hynna, Mam.'

'Beth bynnag ydy o, caru dy les di ydw i.'

Dechreuodd y ddwy ohonon ni chwerthin. Byddai Mam yn fy ngwylltio'n lân pan fyddai'n defnyddio'r dywediad bach pryfoclyd hwnnw pan oeddwn i'n iau. Bob tro y byddwn am fynd i barti, neu aros allan yn hwyr a Mam yn gwrthod, fe fyddai'n fy nghynddeiriogi'n ddieithriad trwy ddweud mai 'caru fy lles' i oedd hi. Doedd dweud hynny'n ddim cysur i hogan ifanc oedd ar dân eisiau cael ei thraed yn rhydd. Addewais i mi fy hun na fyddwn fyth yn ei ddefnyddio gyda'm plant fy hun. Fe'm synnwyd ar sawl achlysur pan fyddai Iolo'n swnian ac yn strancio am gael aros ar ei draed yn hwyr i weld gêm bêl-droed ar y teledu, i 'nghlywed fy hun yn dweud 'caru dy les di ydw i', a llais Mam yn atseinio yn fy mhen.

Wrth i mi adael, cododd Mam o'i gwely'n simsan gan geisio cerdded ychydig gamau gyda mi ar hyd y coridor. Sylwais, a golau'r coridor y tu ôl iddi, ar silwét rhyfedd ei chorff o dan ei choban. Cydiai ei llaw fach yn dynn yng nghanllaw'r wal, a brigyn bregus ei braich yn crynu dan yr ymdrech. Gwegiai ei choesau dryw bach wrth gario'i bol chwyddedig. Roedd ei chorff y peth tebycaf a welais erioed i'r lluniau o blant newynog Ethiopa ar y teledu. Mynnodd Mam fy mod yn mynd yn fy mlaen ac y byddai hi'n cerdded yn ôl am ei llofft ar ei phen ei hun. Cytunais, gan fod ei gweld yn ymlusgo'n llafurus fel hen wraig yn torri fy nghalon.

Gadewais y cartref a mynd ar fy union i'r cae pêl-droed i nôl Iolo. Roedd y cae yn wag pan gyrhaeddais a thybiais wrth i'r glaw daro'n ddi-baid ar ffenest y car fod y sesiwn hyfforddi wedi ei ohirio yn sgil y tywydd. Es adre a gweld BMW Paul wedi ei barcio y tu allan i'r tŷ. Wrth agor y drws clywais sŵn chwerthin yn dod o'r llofftydd. Tynnais fy nghôt a dringo'r grisiau. Clywais lais Iolo'n clochdar chwerthin dros y tŷ. Roedd drws yr ystafell ymolchi ar agor a gwelwn fod Paul yn sefyll uwchben y bath yn tywallt dŵr o jwg ar ben Iolo a eisteddai yno'n noeth yn mwynhau bob eiliad. Mor wahanol oedd y darlun hwn o blentyn ifanc hoenus a'i groen meddal braf yng nghlydwch ei fath o'i gymharu â'r llun arteithiol o Mam a'i chroen crebachlyd, cleisiog yn crogi'n simsan uwchben y dŵr. Mor wahanol y lleisiau. Llais llawn asbri plentyn iach o'i gymharu â dolefain truenus ei nain.

'Eto, Dad! Eto!'

Gwelais fod Paul yn llenwi'r jwg o'r tap dŵr oer cyn ei dywallt eto i sgrechian aflywodraethus ei fab.

'Dyna fo, Iols. Mi fydd Yncl John drws nesa'n meddwl 'mod i'n hannar dy ladd di!'

Ar hynny trodd Paul i estyn am dywel a'm gweld i'n sefyll yno'n gwylio'r rhialtwch. Roedd ei grys yn socian. Rhewodd y wên ar ei wyneb.

'Dad! Dad! Dangos i Mam be 'dan ni 'di bod yn neud! Mam, mae Dad 'di bod yn taflu dŵr oer drosta i!'

Teimlais innau fod fy mhresenoldeb i wedi taflu dŵr oer ar eu mwynhad. Pa bryd y bu Iolo a finnau'n chwerthin yn braf fel'na efo'n gilydd ddiwethaf? Roeddwn i wedi bod yn llawer rhy brysur i gael hwyl efo fy mab. Trodd Paul yn ôl at Iolo a dweud, 'Ty'd o 'na, boi, amsar dod o'na neu mi fyddi di 'di fferru.'

Dechreuodd Iolo nadu; doedd o ddim eisiau i'r sbort ddod i ben. Doeddwn innau ddim yn awyddus i ddifetha'r hwyl, chwaith, ac felly dyma roi cynnig iddo fyddai'n sicrhau y byddai yntau'n bodloni ac y byddai Paul yn aros nes bod ei fab wedi mynd i gysgu.

'Gwranda, Iols, os doi di allan o'r bath 'na heb swnian ella y cei di stori gan Dad yn dy wely.'

Neidiodd Iolo ar ei draed a'r dŵr yn tasgu i bob man wrth weiddi ei gais am ei hoff stori.

' *"The Queen's Knickers"! "The Queen's Knickers"!* '

Chwarddodd y tri ohonom, a thra oedd Paul yn helpu Iolo i gamu o'r bath gofynnais iddo'n ddistaw, 'Wyt ti ar frys, Paul? Ti'n meindio aros am sbelan?'

Edrychodd o ddim arna i, dim ond lapio Iolo yn gynnes yn ei dywel Everton a dweud, 'Dim problem. Dwi'n edrych ymlaen at weld sut stori ydy'r *"Queen's Knickers"* 'ma!'

Gadewais y ddau yn eu byd bach diddig eu hunain a mynd i lawr grisiau yn teimlo 'mod i dan draed yn fy nhŷ fy hun. Eisteddais ar y soffa ddu a chân Van Morrison yn drybowndian yn atgofus yn fy mhen. Bron i awr yn ddiweddarach daeth Paul i lawr i'r lolfa. Roedd Iolo'n cysgu'n sownd. Dechreuodd Paul hel ei gôt a'i fag gwaith.

'Sut oedd dy fam heno?'

'Rwbath tebyg. Mae hi'n sôn am ddod adre Dolig.'

'Ydy hynna'n realistig?'

'Dwi ddim yn gwbod. Mae 'na bythefnos arall.'

Gwibiai fy meddwl wrth feddwl am esgus iddo aros ychydig yn hwy. Meddyliais am Al-Anon a'i bregeth am onestrwydd. Doedd dim eisiau esgus, roedd arna i angen siarad efo fo.

'Paul . . .?'

Trodd i edrych arnaf. Roedd o'n edrych ym myw fy llygaid.

'Fasat ti'n meindio tynnu dy gôt . . .? Yli, dwi isio siarad . . .'

'Am be?'

Doedd o ddim am wneud pethau'n hawdd i mi. Pam ddylia fo ar ôl yr holl loes a roddais iddo?

'Am Mam . . . am Iolo . . . amdana chdi a fi . . .' Petrusais.

'Yli, dwi'm isio ffraeo. Dwi jyst isio siarad.'

Ymlaciais fymryn wrth ei weld yn eistedd ar y gadair gyferbyn â mi, er na thynnodd ei gôt. Plethodd ei ddwylo yn ei gôl ac edrych ar ei ewinedd. Roeddwn wedi gobeithio y byddai'n eistedd gyda mi ar y soffa. A fyddai yntau'n meddwl weithiau am y diwrnod y prynson ni hi a'r oll oedd wedi digwydd ers hynny? Bu distawrwydd rhyngom am ennyd. Ni wyddwn yn iawn beth roeddwn i am ei ddweud. Doedd gen i ddim sgript. Teimlwn yn debyg i actor yn mynd trwy'r profiad hunllefus o fynd ar lwyfan a'i gof wedi pallu. Roedd y distawrwydd yn fyddarol, ar wahan i sŵn ambell gar yn rhuo heibio ar lôn gefn y tŷ. Cynigiais baned neu wydryn o win iddo er mwyn torri ar y tawelwch affwysol. Gwrthododd yn gwrtais, heb daflu'r un olwg arnaf. Roedd Mam yn llygad ei lle, roedd o'n brifo cymaint â finnau, ond wyddwn i ddim a oedd yn barod i roi tro arall ar ein perthynas. A oedd hi'n rhy hwyr i hynny? Ymddiheurais am danio sigarét.

'Dwi am roi'r gorau i smocio eto cyn Dolig.'

'Ai dyna oeddat ti am 'i ddeud 'tha i?'

'Naci, jyst 'mod i'n gwbod nad wyt ti'n licio fi'n smocio.'

121

'Nid dyna'r unig beth dwi'm yn licio, Leusa.'

Iesu, roedd o'n gwneud pethau'n anodd. Rhoddais gynnig arall arni.

'Roedd Iolo wrth ei fodd efo chdi yn ei bryfocio fo gynna.'

'Dwi'n colli ei weld o.'

'Dyna un peth ro'n i isio'i drafod efo ti . . . ym . . . ti'n meddwl, ella, tybad fasat ti'n cysidro treulio diwrnod Dolig efo'r ddau ohonon ni? Mi fasa Iolo wrth ei fodd . . . A finna hefyd.'

Cododd ei olygon ac edrych arnaf. Roedd fy holl gorff yn crynu'n ddilywodraeth.

'Dwi ddim yn siŵr ydy hynny'n syniad da.'

'Pam?'

'Mae diwrnod Dolig i fod yn un hapus. Mi fasa'r ddau ohonon ni'n ffraeo'n difetha'r cwbl i'r cr'adur bach.'

'Dwi'n gaddo wna i ddim ffraeo. Mi fasa Iolo wrth ei fodd yn cael y ddau ohonon ni yma. Dwi 'di newid; dwi'n trio, Paul.'

Edrychodd arna i'n amheus a chwestiwn yn ei lygaid gleision. Atebais ef.

'Dwi 'di dechra mynd i Al-Anon. Dwi 'di gorfod cyfadda i fi fy hun gymaint o hen fitsh dwi wedi bod, cymaint o waith ymddiheuro sydd gen i i gymaint o bobl, yn enwedig i chdi . . .'

'Pa noson wyt ti'n mynd?'

Esboniais iddo mai dim ond i un cyfarfod yr oeddwn i wedi bod, a hwnnw yng Nghaerdydd. Roeddwn i'n bwriadu mynd i un yn lleol cyn bo hir.

'Pryd?'

Daeth ei gwestiwn fel bwled.

'Wsos nesa, os nei di warchod Iolo i mi . . .?'

'Wrth gwrs. Ffonia fi i drefnu.'

Ar hynny fe gododd o'r gadair a cherdded am y drws. Cyn iddo adael yr ystafell gofynnais eto, 'A be am Dolig?'

'Iawn.'

Llamodd fy nghalon yn llawn gobaith.

'Iawn? Mi ddoi di, 'lly?'

'Naci. Iawn, mi 'na i gysidro'r peth.'

Aeth allan o'r tŷ heb edrych yn ôl. Clywais ei gar yn tanio ac yn pellhau. Diffoddais fy sigarét a chodi i'r gegin i daflu'r lludw o'r blwch llwch. Heb feddwl eilwaith tolltais gynnwys y paced sigaréts i grombil y sach sbwriel.

Pennod 12

Rhagfyr 1997

Ni lwyddais i fynychu'r cyfarfod Al-Anon yr wythnos ar ôl siarad â Paul. Y diwrnod hwnnw fe ruthrwyd Mam i Ysbyty Gwynedd. Roedd un o'i choesau esgyrnog wedi chwyddo'n un clais mawr du a bu'n rhaid galw'r ambiwlans. Daeth Paul i warchod Iolo fel y trefnwyd, ac es innau i'r cartref i hel rhai o bethau Mam at ei gilydd i fynd â nhw i'r ysbyty. Fedrwn i ddim coelio fy mod yn cerdded coridorau ysbyty unwaith eto er mwyn ymweld â hi. Roedd hithau erbyn hyn wedi hen flino ar ei sefyllfa druenus ond yn parhau i gredu y byddai'n cael dod ataf i dreulio diwrnod Nadolig. Fedrwn i ddim rhagweld y byddai hynny'n bosib, oni bai ei bod yn cael gwellhad gwyrthiol dros nos. Roedd ei choesau, yn ogystal â'i chefn, yn ei rhwystro rhag cerdded bellach.

Cynigiais y byddai Iolo a finnau, ac ella Paul, yn dod draw i'r ysbyty am gyfnod yn ystod diwrnod Dolig. Roedd Mam yn falch bod Paul a finnau'n fwy cyfeillgar, er na ddywedais wrthi nad oedd Paul wedi dweud yn derfynol eto a fyddai'n dod atom ddydd Nadolig neu beidio. Roedd arna i ofn codi fy ngobeithion fy hun yn ormodol, heb sôn am ei rhai hi. Roedd gan Paul gonsýrn gwirioneddol am Mam ac roeddwn i'n gobeithio'n ddistaw bach fod ganddo rywfaint amdana i hefyd, er ei fod yn parhau i gadw lled braich rhyngom ac yn greulon o oeraidd. Hiraethwn am yr hen gynhesrwydd fu rhyngom, ond gwyddwn pe bai yna unrhyw ddyfodol i'r ddau ohonom yna byddai'n rhaid cymryd un cam bach gofalus ar y tro. Er gwaetha'r cynnig, mynnodd Mam y byddai'n sorri'n bwt pe na châi ddod i rannu'r hwyl o weld Iolo'n agor ei anrhegion fore Nadolig.

Ddau ddiwrnod cyn y Nadolig roedd gen i apwyntment i weld yr ymgynghorydd meddygol. Roedd Mam wedi pledio arnaf i ofyn iddo am ganiatâd iddi adael yr ysbyty am ddiwrnod. Roedd ei ffwndro'n dwysáu, a thybiwn fod hynny'n un o sgileffeithiau'r holl dabledi a gymerai. Ni wyddai'n iawn pryd oedd diwrnod Dolig, a mynnai gael gweld calendr bob tro yr awn yno i sicrhau nad oeddwn yn ei thwyllo. Y prynhawn hwnnw pan gyrhaeddais roedd tair nyrs o boptu iddi yn ceisio'i throi er mwyn newid dillad y gwely. Oernadai Mam fel cath wyllt; roedd pob symudiad yn ddirdynnol boenus iddi. Edrychai fel babi gorffwyll gyda'i napi mawr glas a'i chorff bach cleisiog. Fedrwn i ddim dioddef ei gweld yn y fath gyflwr na'i chlywed yn y fath boen. Gwnes esgus i fynd i nôl paned.

Dychwelais i'w llofft ymhen deng munud a chael nyrs a'r ymgynghorydd yno yn siarad â hi. Fferrais yn y fan a'r lle wrth glywed Mam yn dweud wrth Dr Davies yn gwbl ddifrifol, bron iawn fel pe bai'n annerch neu'n rhoi darlith, 'Dach chi'n gweld, mae angen tynnu'r hadyn allan o'r penis er mwyn clonio'n llwyddiannus. Dyna ddylsech chi neud yma. Dyna mae pawb yn neud dyddia yma. Cymryd gofal o'r penis er mwyn y cenedlaethau i ddod.'

Edrychodd y nyrs arnaf a gwenu'n dyner cyn fy hebrwng allan o'r ystafell a'r doctor wrth fy nghynffon.

Y tu allan i ystafell Mam, wrth ynys y nyrsys, roedd y lle'n ferw o staff meddygol ac ymwelwyr, a ffôn yn canu am yn ail o bob cyfeiriad. Ymddiheurodd Dr Davies nad oedd yn gyfleus i ni fynd i'w swyddfa i gael sgwrs. Galwodd ar nyrs oedd yn pasio i nôl cadair i mi. Eisteddais arni gan edrych i fyny'n ddisgwylgar obeithiol i lygaid bychan pefriog yr ymgynghorydd. Roedd yn ddyn bychan crwn, a'i grys yn bochio drwy ei gôt wen. Roedd y prif nyrs yn sefyll wrth ei ymyl. Bwriodd yr ymgynghorydd iddi'n syth.

'Tydy'r prognosis ddim yn dda.'

'Mae hi isio dod ata i i dreulio dwrnod Dolig.'

'Fydd hynny ddim yn bosib, mae arna i ofn.'

'Ond be taswn i'n cael menthyg cadair olwyn . . .?'

Bu saib hir. O edrych yn ôl, gwyddwn yn iawn ar y pryd beth roedd o'n ei ddweud wrtha i, ond mynnwn eto wadu'r gwir. Nid Mam oedd yr unig un a ddioddefai o'r clefyd hwnnw. Doedd bosib nad oedd rhywbeth y gallai'r meddyg ei wneud i'w gwella.

'Dwi'm yn meddwl neith hi yfed eto . . . Dwi bron yn siŵr . . . Mae Mam yn ddynes ddeallus . . . Mae hi'n dallt y niwed mae hi wedi ei wneud . . .'

Gwrandawodd yr ymgynghorydd a'r nyrs yn amyneddgar ar fy rwdlan, yna plethodd Doctor Davies ei ddwylo bychan pletiog a'u codi at ei wyneb cyn dweud, 'Mae'r niwed yn fawr. Mae effeithiau ffisiolegol alcohol ar y corff yn enfawr. Mae'r alcohol, yn achos eich mam, wedi effeithio'r iau, y stumog, y pancreas, y coluddion a chylchrediad y gwaed.'

Soniodd o ddim am ei hasgwrn cefn. Sylweddolais mai dyna'r lleiaf o'i phroblemau fwy na thebyg. Llyncais fy mhoer a gofyn yn bathetig, 'Ydy hi'n mynd i fod yn iawn?'

Gwenodd yr ymgynghorydd yn gydymdeimladol. Roedd o wedi hen arfer â thorri newyddion drwg, a chronnodd y dagrau yn fy llygaid wrth iddo ddweud, 'Yn y pen draw mae'r ymennydd yn cael ei effeithio hefyd. Mae hynny wedi dechrau ei amlygu ei hun yn ystod y dyddiau diwethaf. Yn araf bach, mae'r organau i gyd yn methu yn eu tro. Mi wnawn ni'r cyfan allwn ni i'w chadw'n gyffyrddus, ond mwy na hynny, mae'n ddrwg gen i, does 'na ddim llawer y gallwn ni ei wneud.'

Estynnodd y nyrs hances i mi. Roedd yr ymgynghorydd wedi dod i ddiwedd ei bwt, ond doeddwn i ddim am iddo fynd. Roeddwn i eisiau gwybod am faint yr oedd hi'n debygol o fyw. Yr unig beth a ddaeth o'm genau oedd, 'Faint . . .?'

Dadblethodd ei ddwylo ac estyn ei law dde i mi. Ysgydwais hi.

'Fedra i ddim dweud i sicrwydd, ond dwi'n meddwl mai mater o ddyddiau fydd hi.'

Ar hynny fe dynnodd ei law yn ôl a'i rhoi ym mhoced ei gôt wen. Diolchais iddo a diflannodd fel tarth y bore.

Ni allwn ddioddef wynebu Mam, felly cerddais

yn ôl drwy goridorau hirion yr ysbyty i'r maes parcio. Gyrrais adre heb sylwi dim ar draffig prysur y Nadolig o'm cwmpas. Fe'm trawodd fel mellten nad y flwyddyn oedd yr unig beth oedd ar fynd i'w bedd. Drwy gydol y daith bum munud i'r tŷ clywn lais bach yn sibrwd i rythm grwndi'r car, yn fantra felltithiol:

'Ffycin hel! Ffycin hel! Ffycin hel!'

Pennod 13

Bu Paul yn dyner iawn wrthyf dros gyfnod y
Nadolig. Daeth i aros yn y tŷ, ond cysgai yn y llofft
sbâr; 'llofft Nain', fel y byddai Iolo yn ei galw. Fore
Nadolig, ar ôl i Iolo agor yr hylltod anrhegion oedd
o dan y goeden, aeth y tri ohonom i'r ysbyty. Roedd
hi'n un o'r Nadoligau mwyaf stormus a gafwyd ers
blynyddoedd. Chwipiai'r gwynt ei gynddaredd i
bob cyfeiriad a bu sawl cartref yn yr ardal heb
drydan. Roedd hi'n frwydr ceisio cerdded o'r car at
ddrws yr ysbyty, a bu'n rhaid i Paul a minnau afael
yn dynn yn nwylo Iolo rhag iddo gael ei chwythu i
ebargofiant. Roedd y tri ohonom yn uned fach
ddedwydd yr olwg a finnau'n diolch i'r gwynt am
ein gorfodi i glosio at ein gilydd. Buom yno am
dipyn dros awr; Iolo'n eistedd ar y llawr yn chwarae
efo'r Batman a brynais iddo yn anrheg gan Mam, a
Paul a finnau o boptu'r gwely yn ceisio cynnal
sgwrs. Dwn i ddim ai ei gwaeledd ynteu'r ffaith ei
bod wedi pwdu am beidio â chael dod allan am y
diwrnod a barai i Mam fod yn dawedog.

Rhoddais drefn ar y myrdd cardiau Dolig a
dderbyniodd Mam, ac agorais fy anrheg i iddi.
Roedd hi wedi gofyn am oriawr am fod rhifau ei
horiawr hi'n rhy fach iddi eu gweld. Agorais y
papur sgleiniog a rhoi'r oriawr a'i hwyneb mawr
crwn ar ei harddwrn bach eiddil. Hongiai yn
gadwyn drom gaethiwus ar ei braich. Trodd Mam ei

phen at Paul a dweud mewn llais bloesg, 'Mae'n dda gen i'ch gweld chi efo Leusa eto, Paul.'

Dim ond gwenu'n lletchwith wnaeth Paul, ac wrth adael yr ysbyty fe ddywedodd wrtha i y byddai'n gollwng Iolo a finnau yn y tŷ, gan fod yn rhaid iddo fynd i weld rhywun. Addawodd na fyddai'n hir.

'Lle ti'n mynd, Dad?' gofynnodd Iolo wrth ddringo i mewn i sedd gefn y car.

''Mond i weld ffrind.'

Roeddwn yn siŵr mai mynd i weld Mari oedd o. Doedd o ddim wedi sôn dim wrtha i amdani, ond tybiwn ei fod yn dal i'w gweld. Er y loes, fedrwn i ddim edliw iddo; wedi'r cyfan fy mai i oedd ei fod wedi gorfod mynd i chwilio am gysur gan ferch arall yn y lle cyntaf. Brathais fy ngwefus a gofyn iddo, 'Fyddi di'n ôl i ginio efo ni?'

'Bydda.'

Llusgodd y ddwyawr y bu allan o'r tŷ yn greulon o araf. Ceisiais guddio fy mhryder a'm hofn rhag difetha mwynhad Iolo. Tra ffrwtiai'r llysiau ar y stof helpais Iolo i roi batris yn y *walkie-talkie* a gawsai'n anrheg gan Bethan, ac yna aeth i fyny'r grisiau i drio'r peiriant bach newydd a'i lais yn gynnwrf dibryder. Ceisiais innau, wrth loywi'r pys, ddwyn rhywfaint o fywyd i'm llais lluddedig wrth siarad ag o ar y peiriant arall, ond yr unig beth oedd ar fy meddwl oedd darlun o Paul ym mreichiau merch arall. Brathai'r eiddigedd fel ci yn rhwygo asgwrn. Roedd rhaid ymwroli. Byddai Paul yn ei ôl cyn bo hir.

Daeth yn ôl erbyn cinio fel yr addawodd, a

dechreuais anadlu'n fwy rhydd. Ni soniodd am ei ymweliad ac aeth y cinio yn ei flaen yn ddidramgwydd, diolch i Iolo a'i afiaith a lwyddodd i gelu straen y diwrnod. Fin nos fe fentrais yn ôl i'r ysbyty eto drwy'r tywydd mawr gan adael Iolo a Paul yng nghlydwch cynnes y tŷ. Roedd Mam yn cysgu'n sownd pan gyrhaeddais, ac eisteddais yn ei hymyl am sbel yn gwrando ar synau'r ysbyty: gwichiadau trolis ar hyd y coridorau, ffôn yn canu, nyrsys yn mwmian siarad, ochneidiau claf o'r ward drws nesaf, a rhygn anadl Mam yn gyfeiliant rhythmig i'r cyfan. Roedd yn gas gen i ysbytai. Roedd arogl disinffectant a blodau gwywedig yn troi fy stumog. Diolchais bod Mam yn cysgu er mwyn i mi fedru dianc oddi yno'n fuan. Pan gyrhaeddais adre, roedd cyffro'r diwrnod wedi trechu Iolo ac roedd wedi ildio i gwsg. Roedd Paul yn cario'i gorff bach llipa i'r llofft pan ddois i'r tŷ. Disgynnais yn un swp diymadferth ar y soffa, ac ymhen ychydig daeth Paul i eistedd gyferbyn â mi.

'Gwranda, Leusa, mae'r dyddia nesa'n mynd i fod yn anodd i ti. Fasat ti'n licio i mi fynd â Iolo o 'ma fory i ti gael llonydd?'

Edrychais arno'n syn. Paul oedd fy angor i. Fedrwn i ddim dioddef ei golli, a doeddwn i ddim am fod mewn tŷ gwag. Doeddwn i ddim am iddo fo fynd at Mari, chwaith. Byddai hynny'n brifo'n fwy na dim. Rhoddais fy mhen yn fy nwylo a dweud yn floesg, 'Na. Dwi'm isio llonydd. Dwi isio chdi efo fi. Os wyt ti isio mynd at yr hogan arall 'na, iawn; fedra i ddim dy rwystro di, ond plîs nei di aros efo fi tan ar ôl i Mam . . .?'

Tasgodd y dagrau drwy 'mysedd fel rhaeadrau, a'r peth nesaf fe deimlais gorlan gynnes breichiau Paul amdanaf.

'Mi arhosa i efo ti, os mai dyna wyt ti isio, Leus . . .'

'Ond be am yr hogan arall . . .?'

'Efo chdi dwi isio bod ar y funud, Leus, ac mae hi'n dallt hynny.'

Cleddais fy mhen ym meddalwch ei siwmper sienîl. Roedd y goflaid yn dyner a theimlais law cysurlon Paul yn mwytho fy ngwallt. Codais fy ngolygon gan edrych ym myw ei lygaid gleision. Roeddwn ar fin dweud wrtho gymaint yr oeddwn i'n ei golli, yn ei garu, yn ei awchu, pan synhwyrodd fod arna i eisiau fwy ganddo na chysur brawdol, ac fe gododd ar ei draed a mynd i'r gegin. Daeth yn ôl a photel win yn ei law. Roedd y siom yn amlwg ar fy wyneb pan eisteddodd y pen arall i'r soffa ddu. Yfodd y ddau ohonom y Chablis i gyd gan smalio gwylio'r rwtsh arferol oedd ar y teledu adeg y Nadolig, heb siarad fawr ddim.

Pan ddaeth hi'n amser clwydo, roeddwn i'n gobeithio y byddai Paul yn dod yn ôl i'n gwely ni, ond ar ben y landin rhoddodd gusan i mi ar fy moch a mynd i 'lofft Nain'. Es innau i'r gwely mawr oer ar fy mhen fy hun i dreulio noson ddi-gwsg arall.

Pennod 14

Bore drannoeth codais a pharatoi ar gyfer ymweliad arall â'r ysbyty. Doedd dim gostegu ar y gwynt a'r glaw. Ni chefais y broblem arferol o barcio y bore hwnnw; dim ond ymwelwyr â'r cleifion difrifol wael a fentrai deithio a pheryglu eu bywydau eu hunain wrth wynebu'r fath ddrycin. Roedd y gwynt wedi cael y gorau ar ddrysau troi yr ysbyty, ac roedd yna arwydd arnynt yn gofyn i ymwelwyr ddefnyddio'r drws ochr. Chwyrlïai pob math o sbwriel mewn dawns fuddugoliaethus ar hyd mynedfa'r adeilad.

Wnaeth cynhesrwydd clinigol yr ysbyty fawr ddim i ddadmer fy nghorff rhynllyd. Codais goler fy nghôt at fy nghlustiau, a chlywn sodlau fy mŵts duon yn clindarddach fel carnau ceffyl blinedig wrth i mi gerdded y coridorau gweigion i fyny i ystafell Mam. Fel ar bob ymweliad arall roedd fy stumog yn glymau chwithig wrth nesáu ati, a doeddwn i byth yn siŵr beth i'w ddisgwyl. Heddiw roedd Mam yn union fel yr oedd hi'r noson flaenorol, ond bod rhygnu'r anadl yn uwch, yn fwy ysbeidiol ac yn torri ar dawelwch y lle. Pob anadl yn gwahodd marwolaeth i ddod fymryn yn nes.

Eisteddais wrth erchwyn y gwely gan syllu'n hir ar y sgerbwd o ddynes o'm blaen. Fy mam. Ai dyma fyddai fy niwedd innau? Ai gorwedd mewn gwely gwyn metal oer fel hwn y byddwn innau pan fyddwn farw? Beth fyddai'r peth olaf i fynd drwy fy

133

meddwl ar eiliad fy marwolaeth? Beth oedd yn mynd drwy ei meddwl hithau? Oedd rhywun yn gallu meddwl, gweld lluniau, clywed lleisiau yn ystod oriau olaf bywyd? A wyddai hi ei bod hi'n marw? A wyddai hi ei bod hi'n fyw?

Gafaelais ym mrigau oer ei bysedd a dweud yn dawel, 'Mam. Leusa sy 'ma.'

Teimlais blyciad bychan ei llaw. Tynnais fy llaw innau'n ôl. Fu Mam erioed yn un am gyswllt corfforol o fath yn y byd. Fedrwn i ddim cofio pryd y gafaelodd y ddwy ohonom yn ein gilydd yn iawn ddiwethaf, a doedd hi'n sicr ddim am newid ei ffordd bellach.

Daeth nyrs nas gwelswn o'r blaen i mewn a gofyn a oeddwn yn iawn. Gwenais arni a dweud fy mod. Beth arall oedd rhywun i fod i'w ddweud? Ond doeddwn i ddim yn iawn. Nid fy mod yn hysteraidd nac yn ddagreuol; dwn i ddim pa emosiwn roeddwn i'n ei deimlo, ond fe wyddwn i sicrwydd nad oeddwn i'n iawn. Rhyfeddu roeddwn i'n fwy na dim, fy mod i'n eistedd yn disgwyl am angau. A fyddwn i'n gwybod pryd y deuai? A fyddwn i'n gwybod sut i'w gyfarch?

Edrychais ar wyneb llonydd Mam a gwrando ar y cnul cras a ddeuai o'r corff eiddil. Roedd seibiau hirion rhwng pob rhygn, a finnau'n disgwyl ar bigau am yr un nesaf a fyddai'n cadarnhau ei bod hi'n dal yn fyw. Roedd hi'n sâl iawn. Be fasa Mam yn ei ddweud? Nid sâl. Ceisiais gofio'r myrdd geiriau a ddiferai o'i genau mor naturiol â thrydar aderyn bach. Na, nid sâl fyddai hi'n ei ddefnyddio i ddisgrifio'r hyn a welwn o'm blaen. Roedd Mam yn

giami . . . yn gwla . . . yn llegach . . . fel drychiolaeth
. . . yn dirywio . . . yn nychu . . . yn dihoeni . . .
Geiriau Mam. Geiriau na fyddwn fyth yn eu clywed
ganddi eto. Migmas. Dyna un arall o'i geiriau hi.
Na, welwn i ddim ohonyn nhw'tha eto chwaith.

Roedd ei gwallt yn gudynnau blêr fel cynffonnau
llygod am ei thalcen, a sylwais ei fod wedi britho
yn ystod yr wythnosau diwethaf. Ni chawsai'r
blewiach bach gwyn eu cuddio gan liw siop trin
gwallt ers misoedd. Wrth edrych arni gwelais
dlysni'r heneiddio yn hytrach na'i hagrwch. Roedd
newydd-deb gwyn naturiol y gwallt o gwmpas
ffrâm ei hwyneb yn ddelach na'r hen liw copr budr
o botel a arferwn ei weld. Codais i gribo'i gwallt yn
ofalus. Chyffrodd hi ddim.

Eisteddais eto a gwylio amlinelliad ei hwyneb: y
trwyn a'r clustiau bach smwt; y gwefusau llawnion
oedd ar agor gan ddangos ei dannedd gwynion. Er
cymaint o smocio a wnaeth, roedd ei dannedd yn
wyrthiol o lân, ond roedd y croen fu unwaith mor
wyn, erbyn hyn yn femrwn melyn. Roedd Mam
wastad wedi ymfalchïo yn llyfnder melfedaidd ei
chroen. Rhwbiai *Oil of Ulay* ar ei hwyneb yn
ddeddfol bob nos cyn mynd i'r gwely, a siarsiai fi'n
aml i beidio â dangos fy wyneb i'r haul.

'Mae'r haul yn difetha dy groen di; mi aiff o fel
lledar, mi ei di'n hen cyn dy amsar.'

Dyna ddigwyddodd iddi hi, ond nid yr haul a
felynodd ei chroen.

Edrychais ar y man cyn geni oedd fel staen gwin
coch bach ar y croen rhwng y gwefusau a'r trwyn.
Roedd Mam yn hen law ar guddio'r nam. Arferai

gymysgu dau golur drud er mwyn cydweddu â lliw ei chroen. Ni wyddai neb ond fi ac Yncl Eurwyn am y man cyn geni. Oedd, roedd Mam yn giamstar ar guddio pethau.

Roedd arna i eisiau mynd i'r lle chwech, ond roedd gen i ormod o ofn ei gadael, gormod o ofn i farwolaeth sleifio drwy'r drws yn f'absenoldeb. Edrychais ar y cardiau Nadolig ar hyd waliau'r ystafell. Pawb yn dymuno Nadolig Llawen iddi, ac yn edrych ymlaen at ei gweld yn ôl yn Eiriannell. Ychydig a wyddwn wrth ei chyrchu o Gaerdydd rai wythnosau cyn hynny na fyddai fyth yn gweld ei chartref eto. Beth fyddai'n digwydd i'r tŷ hwnnw ar ôl iddi fynd? Wyddwn i ddim. Doeddwn i ddim eisiau meddwl am glirio'r tŷ. Chwalu cartref. Fe wynebwn i hynny eto.

Clywais y gwynt yn cynyddu eto y tu allan. Codais i edrych drwy'r ffenest. Tynnais y llenni tenau, gwyrdd golau yn ôl a sbecian allan. Gwelwn oleuadau'r Nadolig yn wincio'n bryfoclyd o ffenestri'r tai cyfagos, a breichiau'r coed yn chwifio'n noeth fel pe baent yn dawnsio'n herfeiddiol i alaw y gwynt. Edrychais ar fy adlewyrchiad yn y ffenest a gweld fy wyneb yn fferru. Er gwaethaf rhyferthwy'r storm y tu allan roedd tawelwch byddarol yn yr ystafell fechan tu mewn. Heb symud gewyn, disgwyliais. Disgwyliais am y rhygn. Disgwyliais eto ond ddaeth o ddim. Tynhaodd pob cyhyr yn fy nghorff. Gallwn dyngu i'm calon lamu. Roedd angau wedi dod. Gwelodd ei gyfle wrth i mi droi fy nghefn am eiliad. Trois i edrych ar Mam a'i hewyllysio i gwffio, i beidio â rhoi i mewn iddo. Roedd o wedi sleifio yno mor ddisymwth â diffodd cannwyll. Caeais y llenni a sefyll yno'n edrych ar ei chorff. Yr unig gorff marw roeddwn i wedi'i weld o'r blaen oedd un bach gwlyb Mei flynyddoedd cyn hynny. Ni wyddwn yn iawn beth i'w wneud. Rhedais allan o'r ystafell at y nyrs.

'Ddowch chi yma, plîs? Dwi'n meddwl ei bod hi wedi . . . Mae hi wedi stopio anadlu.'

Ni fedrwn yngan y gair 'marw'. Doeddwn i ddim eisiau rhoi'r pleser yna iddo fo. Roedd angau wedi chwarae tric dan din efo fi. Doedd o ddim wedi chwarae'r gêm yn deg. Fe ddylsai fod wedi gadael i mi ei weld yn dod i mewn, yn lle aros nes fy mod wedi troi fy nghefn. Cadarnhaodd y nyrs fod Mam wedi 'ein gadael' a chydymdeimlodd â mi. Synnais nad oedd hithau chwaith yn defnyddio'r gair 'marw', er ei bod hi'n siŵr o fod yn hen gyfarwydd ag o. Mae gan angau'r llaw uchaf arnom ni i gyd, pob un ohonom, waeth pwy ydym.

'Fasach chi'n licio i mi eich gadael chi ar eich pen eich hun efo hi am funud bach?'

Ysgydwais fy mhen. Doeddwn i ddim yn gweld diben aros yno efo'r corff. Roedd Mam wedi mynd. Roedd hi wedi hen fynd. Dim ond ei chragen oedd ar ôl.

'Mae'n ddrwg gen i orfod gofyn i chi ar adeg fel hyn, ond be fasach chi'n licio i mi wneud efo'r *jewellery*?'

Doedd ganddi ddim modrwyau ar ei bysedd, dim ond clustdlysau aur a'r oriawr a roddais iddi'r diwrnod cynt. Edrychais ar yr oriawr; roedd hi'n chwarter wedi un ar ddeg y bore. Roedd curiad calon Mam wedi peidio, ond symudai bysedd yr oriawr ymlaen yn ddi-hid. Am anrheg ryfedd i rywun oedd yn marw – oriawr! Nid oedd amser yn bod iddi bellach. Gofynnais i'r nyrs eu tynnu.

'Fasach chi'n licio ffonio rhywun?'

Arweiniodd y nyrs fi at ffôn y tu allan i'r ystafell. Atebodd Paul.

'Paul, fedri di ddod yma, plîs?'

Ni fu raid imi ddweud mwy, ac ymhen awr roedd y ddau ohonom ni'n gadael corff Mam yn yr ysbyty ac yn camu'n ôl i'r byd mawr y tu allan. Roedd trigolion Penrhosgarnedd yn stwyrian. Gwelwn bobl yn eu cartrefi yn yfed paneidiau, yn darllen papur, a'u plant yn chwarae â'u hanrhegion Nadolig, tra teithiai eraill yn eu ceir. Roedd bywyd yn mynd yn ei flaen. Teimlwn fel sgrechian. Roeddwn i'n glawstroffobig o gaeth y tu mewn i'r car. Rhoddwn y byd am gael bod mewn cae mawr gwag a sgrechian o waelod uffern fy mod. ER MWYN DUW, MAE MAM WEDI MARW! Wyddai'r bobl yma o'm cwmpas ddim fod fy mam wedi marw; wyddai neb ond Paul a finnau a'r nyrs. Wydden nhw ddim fod y person a roddodd fod i mi wedi peidio â bod. Ai un anticleimacs mawr fel hyn oedd bywyd? Ai 'dim ond crych dros dro neu gysgod craith' oedd bywyd pob un ohonom? Oni ddylai pawb wyro pen a chydymdeimlo? Dangos parch? Roedd terfynolrwydd y peth yn fy mrawychu. Edrychais ar y byd di-hid o'm cwmpas ac roeddwn yn ymwybodol o'm bychander fy hun. Teimlwn yn fychan, yn ddi-nod ac yn sobor o unig.

Roedd Penrhosgarnedd o dan gaddug trwm, a hyd yn oed y coed a'r brigau noeth yn wargrwm fel pe mewn parch. Sylwais i ddim arnynt, dim ond syllu ar ddagrau'r glaw yn taro'n ddifater yn erbyn ffenest y car.

RHAN TRI

Ionawr 1998

Wythnos union ar ôl cynhebrwng Mam penderfynais fynychu cyfarfod arall o Al-Anon. Na, doedd Mam ddim yn bod bellach, ond roedd cwmwl du ei halcoholiaeth yn parhau i afael fel feis amdanaf. Er y gwyddwn mai alcohol oedd achos ei marwolaeth, fe'm brawychwyd gan y geiriau moel oer ar y dystysgrif. Achos marwolaeth: *a) Hepatic failure b) Cirrhosis Liver c) Chronic Alcoholism.* Doedd dim diben gwadu bellach. Roedd y geiriau yno o'm blaen yn ddrych o ddiwedd dirdynnol Mam.

Byddai'n rhaid i mi geisio dod i delerau â'm gorffennol os oeddwn am ddechrau byw eto. Roedd yn rhaid i mi gael trefn arnaf fi fy hun, er mwyn Iolo, ac er mwyn fy mherthynas â Paul. Arhosodd Paul gyda mi yn y tŷ drwy'r cyfnod hwnnw, ond gwyddwn mai mater o amser yn unig oedd hi cyn y byddai'n symud yn ôl i'w fflat, ac efallai at Mari. Doeddwn i ddim eisiau iddo fynd. Roedd pen-blwydd Iolo yn wyth oed o fewn dyddiau ac roeddwn i'n amau bod Paul yn disgwyl tan ar ôl hynny i gael dianc o'm crafangau i ac yn ôl i freichiau agored y ferch arall.

Ddiwrnod y cynhebrwng gofynnodd Iolo i mi, 'Be oedd yn bod ar Nain, Mam?'

Astudiais ei wyneb bach ymholgar. Byddai'n rhaid esbonio wrtho ryw ddydd. Dywedais wrtho mai salwch cas oedd arni.

'Ydy o'n 'catching'?'

Gwenais a'i sicrhau nad oedd.

'Fedri di ga'l salwch Nain?'

Roedd ganddo'r ddawn o ofyn y cwestiynau anoddaf. Sut y gwyddwn i a fedrwn innau fod yn alcholig neu beidio? Dyna ran o'r salwch, eich twyllo i gredu bod pob dim yn iawn, tan ei bod hi'n rhy hwyr. Gwyddwn fod nifer o deulu Mam yn alcoholics, er na soniwyd amdanyn nhw ryw lawer. Dydy pobl ddim yn gallu dygymod â'r salwch, ac maent yn gyndyn iawn i gydnabod mai salwch ydy o hyd yn oed. Mae'r syniad o deulu a thras mor hanfodol bwysig fel nad oes neb yn awyddus i gyfadde'r posibilrwydd bod smotyn du alcoholiaeth yn staenio'u treftadaeth. Gwyddwn bod alcoholiaeth yn rhedeg mewn llawer teulu a bod y gwyddonwyr ar fin profi ei fod yn afiechyd genetig. Darllenais un theori yn rhywle fod rhywun yn cael ei eni'n alcoholig. Byddai, byddai'n rhaid i mi esbonio wrth Iolo y cyfan roedd o wedi ei etifeddu. Ond dim rŵan.

Gadewais Iolo a Paul a mynd i'r cyfarfod ym Mangor. Roeddwn yr un mor nerfus ag oeddwn i'r tro cyntaf, ond bod gen i well syniad beth i'w ddisgwyl y tro hwn. Roedd y cwmni y noson honno yr un mor gynnes â'r un yng Nghaerdydd, ond cefais goblyn o fraw pan welais Mrs Huws, mam

141

Bethan, yn bustachu'n flonegog i mewn i'r ystafell fechan. Doeddwn i ddim wedi rhagweld y byddai rhywun yr oeddwn yn ei adnabod yno, a rhewodd y ddwy ohonom am eiliad pan welsom ein gilydd.

Meddyliais mor annwyl a diymhongar oedd Mr Huws. Fedrwn i ddim coelio ei fod yn alcoholig – nid bod natur cymeriad yn lliwio'r ffaith bod rhywun yn alcoholig neu beidio. Roedd yna anwyldeb mawr yn perthyn i Mam ar un adeg hefyd. Gwyddwn mai twyll oedd prif nodwedd y salwch. Oeddwn, roeddwn i wedi gweld Mr Huws yn y dafarn leol ar ambell i achlysur, ond doedd dim cof gen i ei weld yn goryfed erioed. Os rhywbeth, ei gofio yn yfed sudd oren roeddwn i. Hen lwynog o salwch oedd o a fynnai sibrwd yn gynllwyngar wrth y claf nad oedd yn sâl o gwbl.

Cefais fwy o syndod fyth wrth i Mrs Huws ddechrau'r cyfarfod. Roedd hi'n amlwg ei bod yn hen law ar fynychu Al-Anon. Rhyfeddais iddi fedru cuddio alcoholiaeth ei gŵr, a synnais ar yr un pryd nad oeddwn erioed wedi dyfalu bod Bethan, a welwn bob dydd yn y gwaith, yn blentyn i alcoholig fel finnau.

Daeth fy nhro i i 'rannu'. Esboniais wrth y chwech arall yn yr ystafell fy mod newydd golli fy mam oedd yn alcoholig. Gwenais i mi fy hun wrth feddwl mor rhyfedd oedd y dywediad am 'golli' rhywun i farwolaeth. Swniai fel pe bawn yn chwilio am y person colledig yn y gobaith o ddod o hyd iddo eto. Gwenodd Mrs Huws arnaf yn annwyl. Tybed a wyddai hi cyn hynny am wir natur salwch Mam? Sylweddolais wrth siarad amdani mai dim

142

ond wrth ôl-dremio fel hyn y cawn i yngan y gair
hwnnw, y gair cyntaf y mae plentyn yn ei ddysgu'n
fabi. Mam. Fyddwn i fyth eto yn cael cyfarch neb
â'r geiriau 'Helô, Mam!' Roedd y weithred o siarad
amdani a rhannu fy mhrofiadau â rhai oedd yn yr un
sefyllfa, fel pe bai'n dod â hi'n ôl o farw'n fyw. Y
ddynes yma na ddalltais mohoni erioed. Y ddynes a
gerais yn fwy na'r un ddynes arall. Cefais gysur o
gael siarad, a gwyddwn y byddai'n llesol i mi
fynychu'r cyfarfodydd hyn tra oeddwn yn
ymbalfalu am drefn yn fy mywyd cythryblus.
Gwelwn yr eironi yn y ffaith mai rŵan ar ôl colli
Mam yr oeddwn innau hefyd yn dechrau ar fy
iachâd i. Pe bawn i ond wedi dechrau dod i'r
cyfarfodydd hyn flynyddoedd yn ôl. Gwyddwn y
byddai Al-Anon yn fy nwrdio am edifarhau am y
gorffennol. Rŵan oedd yn bwysig. Rhaid
canolbwyntio ar heddiw, nid ddoe, na fory, na
thrennydd, na thradwy.

Ar ôl i bawb gyfrannu daeth tro Mrs Huws.
Agorodd fy llygaid fel soseri, a fedrwn i ddim
cuddio fy syndod, pan ddatgelodd mai ei merch
oedd yn sâl, ac nid ei gŵr, fel roeddwn i wedi tybio.
Nid Mr Huws, ond Bethan! Fedrwn i ddim credu'r
peth. Teimlais yn swp sâl wrth sylweddoli fy mod
wedi ymddiried Iolo bach i ofal alcoholig tra
oeddwn i'n brysur yn gofalu am Mam. Bûm mor
ddall, mor fyddar i bob arwydd. Cofiais eiriau Paul
wrth i mi ddisgyn o'r trên ym Mangor fis Awst:

'Daeth ei mam hi â Iolo draw bore 'ma. Doedd
Bethan ddim yn ddigon da i edrych ar ei ôl o.'

Diolch amdani, fe wyddai Mrs Huws bod rhoi

plentyn bach yng ngofal alcoholig gystal â'i osod yn ymyl coelcerth i chwarae â'r fflamau. Cofiais y tro y gadawodd Paul a minnau Iolo yng ngofal Mam am benwythnos pan oedd yn bum mis oed tra buon ni ym Mharis. Wedi i ni ddychwelyd fe sylwon ni fod ei foch chwith yn binc llachar. Esboniodd Mam ei bod hi a Iolo wedi syrthio i gysgu ar flanced yn yr ardd ar ddiwrnod anarferol o braf, a theimlais ias unwaith eto wrth gofio'r digwyddiad ac wrth feddwl am yr hyn a allai fod wedi digwydd o adael Iolo yng ngofal anwadal Mam. Ni chafodd ei warchod fyth wedyn.

Dechreuodd y darnau ddisgyn i'w lle wrth i mi wrando ar Mrs Huws yn siarad mor hunan-feddiannol. Meddyliais am yr holl ddyddiau y bu Bethan i ffwrdd o'i gwaith, ac am yr holl gariadon byrhoedlog fu ganddi. Dim un berthynas hirdymor. Yswn am fynd adre i ddweud wrth Paul, ond un amod mynychu'r cyfarfodydd oedd cyfrinachedd; fe'n siarsiwyd i beidio ailadrodd dim o'r hyn a ddywedid nac i ddatgelu pwy oedd yr aelodau. 'Taw piau hi', fel byddai Mam yn ei ddweud. Ond o hyn ymlaen byddai'n rhaid i mi geisio dod o hyd i rywun arall i warchod Iolo pan fyddwn yn mynd allan gyda'r nos; fedrwn i mo'i adael efo Bethan eto. Wrth yrru adref y noson honno ceisiais feddwl sut y byddwn yn esbonio i Paul bod yn rhaid dechrau chwilio am warchodwraig arall. Roedd Paul yn dod i ddiwedd sgwrs ffôn pan gyrhaeddais y tŷ.

'Pwy oedd ar y ffôn?'

Edrychodd o ddim arna i wrth ateb.

'Mari.'

Cadarnhaodd yr un enw bach yna fy amheuon i gyd. Roedd o'n dal i'w gweld. Wyddwn i ddim beth i'w ddweud nesaf, a doeddwn i ddim yn siŵr a oeddwn am wybod beth oedd cynnwys eu sgwrs gan fy mod yn amau bod Paul yn trefnu i'm gadael a mynd yn ôl ati hi. Fedrwn i ddim wynebu ei golli; doedd bosib nad oedd modd ailgynnau'r fflam. Torrodd Paul y tawelwch.

'Sut aeth hi heno?'

'Iawn. Roedd pawb yn glên.'

'Ei di eto?'

Doedd dim dwywaith fy mod eisiau mynd eto, ond sut oedd dweud wrtho, pe byddai o'n symud yn ôl i'r dre, na fedrwn fynd heb gael rhywun newydd i warchod Iolo.

''Swn i'n licio mynd, ond . . .'

'Ond be?'

'Yli, mae'n rhaid i mi gael gwbod os wyt ti am aros efo Iolo a fi, 'ta wyt ti am fynd yn ôl at . . . at y Mari yma. Mi fasa gen i broblema gwarchod . . .'

Fe'm synnodd pan ddywedodd, 'Dwi'n gwbod . . . Dwi'n gwbod am y problema gwarchod . . .'

Edrychais arno'n hurt.

'Dwi'n gwbod am Bethan.'

'Sut? Pryd?'

Pentyrrai'r cwestiynau yn fy mhen. Pam na ddywedodd o wrtha i?

'Esboniodd ei mam hi wrtha i tra oeddat ti yng Nghaerdydd. Hi roddodd y pamffled Al-Anon i mi.'

Roedd Mrs Huws yn gwybod am Mam felly.

'Roedd yn rhaid i mi gael deud wrth rywun,

145

Leusa. Pan ddaeth Mrs Huws â Iolo ata i y diwrnod hwnnw, mi fu'n rhaid imi ddeud wrthi hi amdana chdi, fi a dy fam. Ro'n i'n gwbod wrth ddeud wrthi na fasa fo'n mynd dim pellach. Ro'n inna dan straen hefyd, 'sti.'

Edrychais arno. Roedd ei wyneb yn glais o bryder. Doedd o heb ddweud eto a oedd am aros efo fi neu beidio. Atebodd fy nghwestiwn cyn i mi ei ailadrodd.

'Dwi am drio aros yma, Leusa. Dwi isio bod yn gefn i ti ac yn dad iawn i Iolo. Mae o'n cael ei dynnu i bob cyfeiriad.'

Llosgodd y dagrau yn fy llygaid. Roedd o wedi dweud ei fod am aros, ac er nad oeddwn yn siŵr ai dyna'r oedd o wir am ei wneud, roedd yn rhyddhad anferthol i wybod nad oedd ar frys i fynd yn ôl i'r fflat yn y dre. Sibrydais fy niolch iddo.

'Nid jyst isio i chdi aros yma i warchod ydw i, 'sti.'

'Dwi'n gwbod.'

'A be am Mari?'

'Mae Mari'n dallt.'

Mae'n rhaid bod y Mari yma'n uffar o hogan. Roedd hi wedi 'dallt' na allai Paul dreulio diwrnod Nadolig efo hi, ac roedd hi rŵan yn 'dallt' nad oedd Paul am fynd yn ôl i fyw ati. Ddim ar hyn o bryd, beth bynnag.

Dridiau'n ddiweddarach roedd hi'n ddiwrnod pen-blwydd Iolo. Roedd Paul a finnau'n batrwm o rieni wrth ei hebrwng o a'i bedwar ffrind i'r ganolfan chwaraeon i nofio. Wrth gamu i'r dŵr yn fy ngwisg nofio, mynegodd Paul ei syndod fy mod wedi colli pwysau. Doeddwn i ddim wedi sylwi, ac eto roedd y wisg nofio a arferai fod yn dynn, bellach yn llac am fy nghorff main. Rhyfeddais at fy swildod o flaen Paul. Edmygais innau ei gorff cyhyrog wrth iddo luchio Iolo i mewn i'r pwll.

Fedrwn i ddim peidio â meddwl am Mei wrth weld afiaith hoenus Iolo yn y dŵr. Dŵr oer llyn Parc y Rhath a sugnodd fywyd fy mrawd i'w safn. Roedd Mam wedi mynnu fy mod yn mynd am wersi nofio yn fuan ar ôl colli Mei, ond bu'n gas gen i'r dŵr byth ers hynny. Cymerais arnaf fy mod yn rhannu mwynhad Iolo a'i ffrindiau; roeddwn i'n benderfynol o beidio â difetha'r diwrnod. Sylweddolwn ei fod yn mwynhau pob eiliad, nid yn unig o fod ynghanol ei ffrindiau, ond hefyd o gael cwmni hapus ei rieni.

Yn y caffi ar ôl y nofio, ei wallt yn wlyb a'i geg yn sos coch i gyd, daeth Iolo at Paul a finnau a chofleidio'r ddau ohonon ni. Roedd ei ddiolchgarwch i'w weld yn amlwg ar ei wyneb. Edrychais ar Paul, ac am eiliad a deimlai fel oes, cyfarfu'n llygaid.

Wrth adael y ganolfan gwelais ferch ifanc hardd, bryd golau, yn dringo'r allt tuag atom. Gwisgai ddillad rhedeg. Arhosodd yn ei hunfan pan welodd Paul, a'i llygaid wedi eu hoelio'n ddau bin pigog ar bincws ei wyneb. Gwridodd Paul, ond cerddodd heibio iddi heb ei chydnabod. Gwyddwn o'i adwaith mai Mari oedd hi, a rhyfeddais nad oedd wedi ei chyfarch. Tybiais mai fy mhresenoldeb i oedd yn gyfrifol am hynny. Synhwyrodd Paul fy anesmwythder.

'Mari oedd honna.'

Melltithiais hi'n dawel am droi haul cynnes ein prynhawn yn bibonwy oer, creulon. Chlywais i mo eiriau nesaf Paul, a bu'n rhaid iddo'u hailadrodd.

'Fydda i ddim yn ei gweld hi eto. 'Dan ni wedi gorffen.'

Teimlais gymaint o ryddhad, bu bron i mi gyfogi holl ofnau'r misoedd diwethaf yn y fan a'r lle. Yn hytrach, ymwrolais a gofyn, 'Ers pryd?'

'Diwrnod Dolig.'

Roedd o wedi gorffen y berthynas cyn i Mam farw, felly, ac nid tosturi yn unig a barodd iddo benderfynu rhoi cynnig arall ar ein perthynas glwyfedig. Cofiais eiriau olaf Mam:

'Mae'n dda gen i'ch gweld chi efo Leusa eto, Paul.'

Hyd yn oed yn ei llesgedd, yn swp o esgyrn, bu ganddi'r cryfder i gymodi'r ddau ohonom. Hoffwn pe bai wedi bod yn bosib i mi gofleidio fy niolch iddi yn y fan a'r lle, a chododd yr hen deimlad o chwithdod a hiraeth ei ben unwaith yn rhagor. Roedd hi'n rhyfedd sut roedd pob atgof ohoni yn anrheg, yn drysor, yn gysur, wedi iddi farw.

Gwerthfawrogwn yr adegau prin pan fyddai rhywrai'n dod i gydymdeimlo â mi. Ni wyddai'r rhan fwyaf, hyd yn oed rhai o'm ffrindiau pennaf, sut i gydymdeimlo â cholli mam oedd yn alcoholig. Gwyddwn yn syth pwy wyddai am ei halcoholiaeth; y bobl hynny na fedrai gydymdeimlo, na wyddai beth i'w ddweud, a edrychai arnaf drwy gil eu llygaid ac yna fy osgoi yn fwriadol. Ond doeddwn i ddim am iddi fynd yn angof. Roedd Mam yn rhan rhy bwysig o'm bywyd i adael i hynny ddigwydd.

Mynnwn siarad amdani â phwy bynnag fyddai'n fodlon gwrando. Fy ffrindiau yn Al-Anon oedd yr unig rai, mewn gwirionedd, a wrandawai heb arlliw o'r embaras a gysgodai ymateb pawb arall. Nhw, a Paul wrth gwrs.

Roedd hi'n tynnu am un ar ddeg erbyn i Iolo a'i ffrind Cerwyn fynd i gysgu'r noson honno. Byrlymai eu hafiaith wyth mlwydd oed o'r llofft tra eisteddwn yn y parlwr yn gwrando arnynt. Adlamodd lleisiau Mei a minnau ar hyd gwifrau'r meddwl. Mor ddedwydd oeddem wrth chwarae am oriau bwygilydd yn llofftydd Eiriannell. Blynyddoedd dibryder, cyn profi galar a cholled. Roeddwn yn benderfynol o roi'r fagwraeth gynhesaf a fedrwn i Iolo cyn iddo yntau wynebu holl ddwyster a chymhlethdod tyfu'n ddyn.

Ynghanol fy myfyrdodau daeth Paul ataf i eistedd ar y soffa ddu. Ddywedodd yr un ohonom air. Doedd dim angen geiriau. Roedd y lleisiau uwch ein pennau wedi tewi. Rhoddais innau fwgwd ar leisiau'r gorffennol. Edrychodd Paul arnaf a sêl oes yn ei lygaid gleision. Roedd fel pe bai'n edrych y tu mewn i mi, yn ddwfn ddwfn i grombil fy mod. Cydiodd yn fy llaw a'm tywys o'r parlwr ac i fyny'r allt bren. Roedd hi'n braf teimlo cynhesrwydd ei law am fy llaw, cnawd wrth gnawd unwaith eto. Gafaelai ynof yn dynn, fel pe bai arno ofn i mi redeg i ffwrdd. Doedd gen i ddim bwriad o redeg i nunlle. Roedd dyddiau celu a dianc drosodd. O hyn ymlaen roeddwn am gymryd un cam ar y tro, wynebu pob gris un wrth un, heb ofni dringo i'r nesaf. Caeodd Paul ddrws ein llofft a chaeais innau'r drws ar lanast fy ngorffennol. Sibrydodd Paul fy enw'n dyner yn fy nghlust a theimlais, rywle yn fy mherfeddion, ddadeni hirddisgwyliedig y pili-palod.